ENSINAMENTOS BÁSICOS DE UMBANDA

ENSINAMENTOS BÁSICOS DE UMBANDA

Daisy Mutti e Lizete Chaves

LEGIÃO
PUBLICAÇÕES

7ª edição / Porto Alegre-RS / 2024

Capa e projeto gráfico: Marco Cena
Revisão: Sandro Andretta
Produção Editorial: Bruna Dali e Maitê Cena
Assessoramento Gráfico: André Luis Alt

Dados Internacionais de Catalogação na Publicação (CIP)

M993l Mutti, Lizete Chaves e Daisy
Ensinamentos básicos de Umbanda. / Lizete Chaves e Daisy Mutti. 7.ed. – Porto Alegre: BesouroBox, 2024.
136 p.; 14 x 21 cm

ISBN: 978-85-5527-032-1

1. Religião. 2. Umbanda. 3. Umbanda – ensinamentos. I. Título.

CDU 299.6

Bibliotecária responsável Kátia Rosi Possobon CRB10/1782

Direitos de Publicação: © 2024 Edições BesouroBox Ltda.
Copyright © Daisy Mutti e Lizete Chaves, 2024.

Todos os direitos desta edição reservados à
Edições BesouroBox Ltda.
Rua Brito Peixoto, 224 - CEP: 91030-400
Passo D'Areia - Porto Alegre - RS
Fone: (51) 3337.5620
www.legiaopublicacoes.com.br

Impresso no Brasil
Março de 2024

SUMÁRIO

Palavras Iniciais
7

Conhecendo a Umbanda
9

O terreiro e sua dinâmica
27

Ritual, fundamentos e elementos de rito
45

Orixás
61

Falangeiros e linhas
79

Mediunidade de terreiro
91

Exu e Bombogira
119

Palavras finais
131

Referências bibliográficas
133

PALAVRAS INICIAIS

Analisando a Umbanda pela primeira vez, sem conhecimento de seus postulados, podemos ser levados a crer que se trata de uma religião com ritual repetitivo, sem profundidade, que não alimenta o estudo e a busca pelo conhecimento que nos liberta e prepara para os embates diários em nossa jornada espírito-matéria. Ledo engano, pois, para ser umbandista, é necessário conhecer, entender e partir para a prática dos postulados desta religião que liga dois mundos – físico e espiritual –, predispondo-se a colocar verdadeiramente os pés descalços no chão do terreiro, vivenciando integralmente o amor e a caridade verdadeira, porém tão somente aquela que cada um tem condições de dar e que parte de sua vontade de fazer algo em favor do próximo, seja materialmente, moralmente ou por meio de atitudes de amparo, acolhimento e orientação.

A base da Umbanda é a simplicidade. O pilar é o amor incondicional que vibra no coração de cada medianeiro, impulsionado pelos pretos velhos, caboclos, exus, marinheiros, crianças e todas as formas de apresentação das entidades que labutam em suas linhas. As paredes são a sabedoria e os ensinamentos aplicados pela espiritualidade, através da interação facultada pelo mediunismo que, lentamente, vai modificando o mundo interior de cada um, sem agressões e sem atropelos, sem exigir nada além da entrega e da doação consciente do tempo disponível de cada um de seus pares.

Esta religião parece ser conhecida de todos, mas ao mesmo tempo apresenta-se enigmática. Muitas inquietações começaram a chegar às filhas de Umbanda através de perguntas e questionamentos de pessoas que tinham vontade de ser esclarecidas e não tinham como acessar as respostas. Dessas interrogações nasceu *Ensinamentos Básicos de Umbanda*, cujo objetivo é esclarecer, desmistificar, clarear de uma forma simples o que é velado e fantasioso na imaginação popular, pelas dificuldades de acessar ou de transmitir, fundamentar conceitos, gestos, rituais etc.

Cabe aqui reafirmarmos que não somos os donos da verdade e que ela se apresenta a cada um de acordo com suas necessidades e capacidade de compreensão e entendimento. Em cada resposta compartilhamos com o leitor os frutos de nosso aprendizado, por meio da vivência de terreiro, pesquisas em diversos autores consagrados nesta seara, juntamente com os ensinamentos repassados após cada noite de trabalho e laboriosa troca com a espiritualidade, em que pérolas são dadas aos trabalhadores, visando ao aproveitamento de cada um dos componentes de seus grupos de médiuns, sem, entretanto, violentar nenhuma consciência, pois cada uma se encontra em determinado ponto da caminhada espírito-matéria, etapa e período de evolução e necessidades específicas dentro do espaço-tempo de sua jornada evolutiva. Consideramos também de grande valia as informações e o conhecimento repassados pelo dirigente que nos assiste e direciona na jornada material.

Ogum Sete Estradas

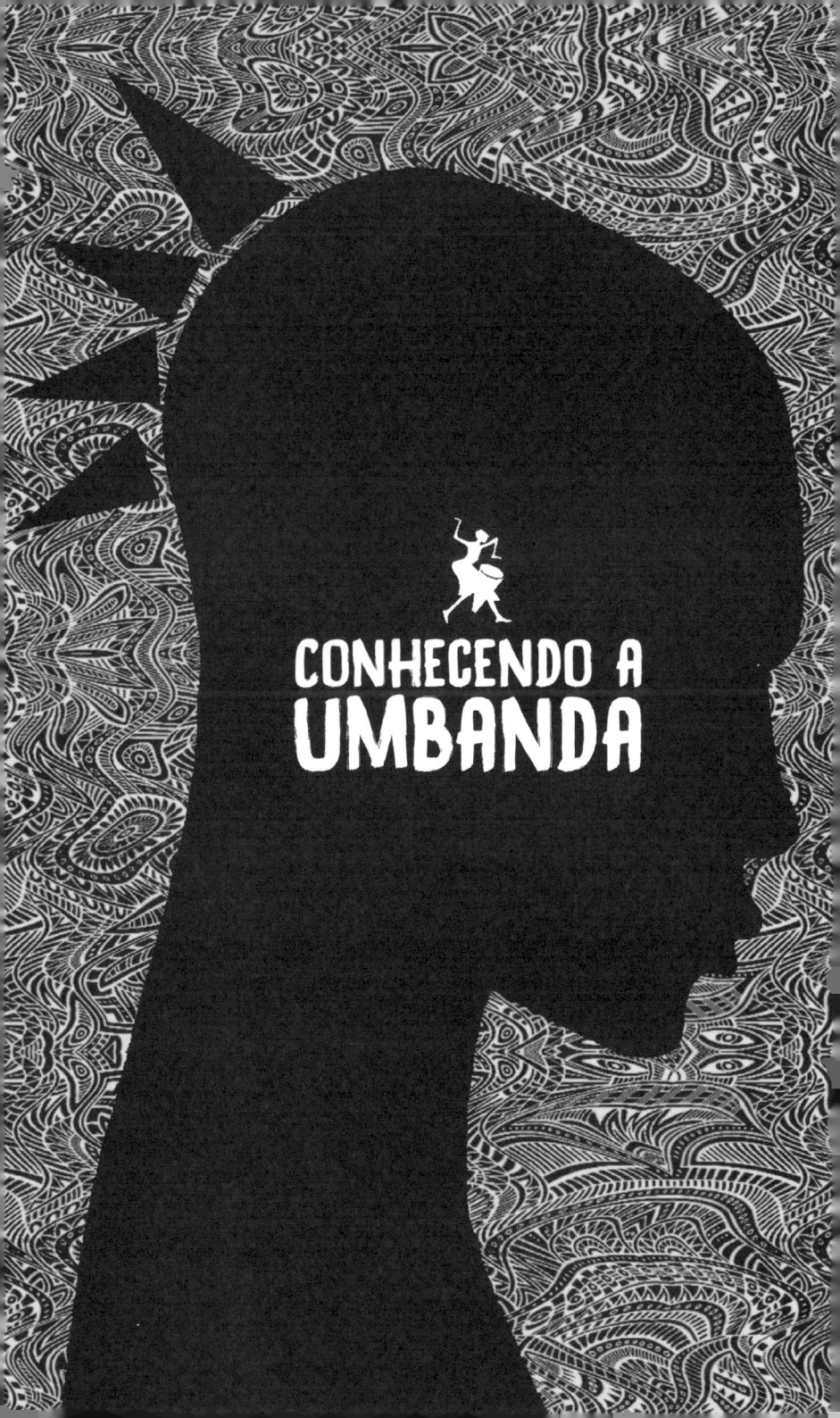

Como se deu o início da Umbanda?

A concretização da Umbanda no plano físico deu-se no início do século XX, precisamente em 16 de novembro de 1908. O fator marcante para seu surgimento foi o aumento da magia negativa em solo brasileiro depois da abolição da escravatura, pois aqueles que tinham maior poder aquisitivo e desejos de solucionar seus problemas rapidamente procuravam seitas para a realização de "trabalhos", resolvendo suas demandas sem ética ou moral, ou seja, "faço e pago o que eu quero, doa a quem doer". Na época o espiritismo ganhava força na classe social média e alta, os estudos e+ as reuniões mediúnicas eram exclusivos para os letrados e as manifestações espirituais e mensagens do "além" provinham de espíritos que se apresentavam sob a forma de doutores ou freiras. Os médiuns, principalmente os de pele negra e pobres, e espíritos que se apresentavam sob a forma de pretos velhos e índios, não se encaixavam no perfil da egrégora espírita e, necessitados de fazer a caridade através da mediunidade, eram discriminados, sendo julgados inferiores, ignorantes, sem chance de deixar sua mensagem de amor e trabalhar.

Atentos ao cenário existente, os Senhores da Luz, por ordens diretas de Jesus, estruturaram aquela que seria uma Corrente Astral aberta a todos os espíritos de boa vontade que quisessem praticar a caridade, independente das origens terrenas de suas encarnações, e que pudessem dar um freio às energias de vingança e ira, provindas dos trabalhos magísticos negativos, juntamente com a intolerância e a discriminação, enfim, toda energia negativa existente naquela época no Brasil. Assim, o Caboclo das Sete Encruzilhadas, através da mediunidade de Zélio Fernandino de Moraes, um rapazote de 17 anos, firma um novo culto dentro de uma casa espírita que passou a se chamar de Umbanda – a manifestação do espírito para a caridade. Após a anunciação, foi fundada a Tenda Nossa Senhora da Piedade, e dez anos mais tarde mais sete tendas.

A Umbanda tem uma codificação, como o espiritismo?

A Umbanda está caminhando para os 108 anos no plano físico e já passou por expansões e enxugamentos de adeptos no transcorrer desses anos. Nesse período, não tivemos nenhum movimento das principais lideranças que pudesse levar a um consenso quanto à elaboração de uma codificação. Percebemos que, se assim não aconteceu, é porque a Corrente Astral de Umbanda assim o quer.

Que motivos poderiam levar a Umbanda a não ter uma codificação?

Por não ter uma codificação ou grupo de leis que exigiriam unicidade nos terreiros, a Umbanda passa, naturalmente, a se acomodar, se adapta e auxilia a comunidade onde está inserida, realizando sua missão de caridade e amor ao próximo. A diversidade é a característica principal do nosso país e, se houvesse uma codificação, levaria a um engessamento da religião; em outras palavras, limitaria sua atuação, tanto no plano físico como no oculto. Citamos apenas um exemplo: a seleção do tipo de entidade que se apresentaria aos trabalhos. Limitando sua ação, a Umbanda estaria percorrendo o mesmo caminho já trilhado por outras religiões mediúnicas, levando, assim, à não realização do seu propósito anunciado pelo Caboclo das Sete Encruzilhadas.

Por ela não ter uma codificação e seus terreiros serem independentes, com rituais diversos, como poderemos identificar um terreiro de Umbanda de fato?

A Umbanda não possui um regimento interno, aceito e praticado por todos; em compensação, os terreiros seguem alguns fundamentos que foram determinados pelo Caboclo das Sete Encruzilhadas através do médium Zélio de Moraes. Estas normativas são as vigas que sustentam todo terreiro, choupana ou templo de Umbanda. Via de regra, as diretrizes são:

A crença em um Ser Supremo, Deus único, tendo como dirigente maior Cristo-Jesus;

Todo atendimento espiritual a serviço da caridade é gratuito, não havendo nenhuma forma de pagamento ou retribuição de qualquer espécie pelas consultas ou trabalhos oferecidos pela casa;

A Umbanda não realiza, em qualquer hipótese, o sacrifício ritualístico de animais, seja nos ritos, em oferendas ou trabalhos;

Não preceitua a colocação de despachos ou oferendas em esquinas urbanas;

Preserva e respeita a Natureza, pois para o umbandista os sítios e as forças naturais são energias provindas dos Orixás – emanações do Criador;

O respeito ao livre-arbítrio do indivíduo e, estando a serviço da Lei Divina, jamais fará qualquer malefício ou prejuízo a alguém e, também, não se utiliza da magia negativa em prol de qualquer criatura;

Todo atendimento tem como objetivo principal o esclarecimento, a melhora espiritual/educacional e moral do indivíduo, mostrando que todos são livres no agir, mas responsáveis pelas consequências de seus atos, ensinando que somos regidos pelas leis de reencarnação – o caminho do aperfeiçoamento –, ação e reação e que o amor é a chave para o crescimento espiritual.

Por que alguns terreiros são denominados de Umbanda Cruzada e Traçada?

Existem inúmeros terreiros pelo Brasil afora que mesclam, cruzam ou traçam características do ritual de Umbanda com os cultos de Nação e de Candomblé.

Umbanda Cruzada é o cruzamento de dois tipos de rituais – Umbanda e Quimbanda. Além de ter sessão com as entidades de Umbanda, ocorre, também, engira de espíritos que se nomeiam exus, bombogiras da Umbanda. Nesse momento, fecha-se o congá com as imagens da Umbanda para que o trabalho das entidades de Quimbanda possa atuar. Nessa sessão, os médiuns se vestem com roupas coloridas, essencialmente as cores preta e vermelha, e se utilizam do sacrifício de animais para oferendar as entidades.

Já a Umbanda Traçada é a união de ritos e características do Candomblé ou Nação com a Umbanda. Conhecidos, também, como Umbandomblé, adotam fundamentos dos cultos Candomblé e Nação como o recolhimento em roncó/camarinha, a raspagem, o sacrifício de animais nas suas oferendas e ebós, o uso de roupas coloridas, capas, cocares, espadas, arco e lança conforme a entidade manifestada, como, também, usam roupas brancas, havendo a manifestação de pretos velhos, caboclos, crianças, boiadeiros, entidades das linhas de Umbanda. As sessões são determinadas por dias e horários diferentes para o ritual de Umbanda e o culto de Nação.

O que é engira?

Engira (ou gira) denomina a regularidade das atividades caritativas com base na mediunidade que acontece no terreiro. Geralmente, junto com a palavra *gira*, acompanha ou especifica a linha ou falanges responsáveis pelos trabalhos no dia, como, por exemplo, gira de caboclos ou gira de pretos velhos.

Que atividades/trabalhos são esses?

Os trabalhos de caridade que ocorrem na noite acontecem numa sequência de atividades determinadas pelo dirigente espiritual da casa, tais como: defumação do terreiro e dos trabalhadores, palestra, passe e orientação através das entidades vibradas nos médiuns, desenvolvimento mediúnico, descargas energéticas, que se dividem em abertas, com a participação da assistência, e fechadas, somente para os membros da corrente.

A defumação, a palestra, o passe e a orientação com as entidades são atividades *abertas* ao público. Após o atendimento ao consulente, quando não há mais ninguém na assistência, inicia-se a segunda parte dos trabalhos, que denominamos de *fechada*, que compreende a descarga ou limpeza energética e o desenvolvimento mediúnico. Claro que essa sequência de atividades poderá ter uma variação na sua composição de terreiro para terreiro.

A gira poderá ser de caboclo, preto velho e boiadeiro numa mesma noite?

Esta determinação de uma linha única de trabalho numa engira é um dos fundamentos da religião. Cada linha tem sua frequência vibratória determinada pelo tipo de trabalho proposto. A espiritualidade trabalha dentro de um planejamento em que são computadas as demandas provenientes das dores e aflições dos consulentes e seus acompanhantes desencarnados, para que todos possam ser auxiliados de acordo com o merecimento de cada um. No lado oculto, o grande esquema determinará quais entidades trabalharão junto ao seu médium, outras ficarão dando o suporte de socorrer, medicar, encaminhar os sofredores, supervisionar, guarnecer o terreiro, além de fazer a ronda nas residências e desfazer campos magísticos dos consulentes. Todo trabalho é impulsionado pela vibração da linha propícia à demanda que será sustentada pela espiritualidade durante um determinado tempo.

Poderia dar um exemplo da correlação entre o tipo de trabalho proposto e as linhas?

A linha de Pretos Velhos mandingueiros atrairá consulentes com campos magísticos desequilibrando suas vidas, além das mandingas mentais e emocionais criadas pelo próprio indivíduo demandando contra ele mesmo. Na linha do Oriente, médicos, ocultistas, teosofistas e espíritos que viveram no deserto trazem consigo conhecimento milenar na cura espiritual. A linha de Caboclos flecheiros trabalha na desobsessão e nesta gira estarão presentes consulentes nos mais variados tipos de obsessão, desde as mais simples até as mais complexas.

Quem determina o tipo de gira da noite?

Por envolver dois planos existenciais – o físico e o espiritual –, será a espiritualidade quem ditará a linha ou procedimentos não rotineiros na noite de caridade ao zelador de terreiro ou dirigente. Somente a espiritualidade possui uma visão ampla de todos os entre-caminhos dos envolvidos: médiuns e entidades – consciências que se apresentarão ao trabalho – e os consulentes ou assistência que vêm ao terreiro em busca de uma orientação para suas aflições.

Todos os terreiros de Umbanda fazem o mesmo procedimento nos trabalhos?

Ritual é a palavra adequada para os procedimentos que se repetem e que ordenam os trabalhos no terreiro.

Podemos dizer que ritual é a personalidade do terreiro; por exemplo, alguns deles adotam uma palestra ao iniciar as giras, enquanto outros se utilizam da oração ou começam de imediato os atendimentos. O que não os diferencia, ou seja, um ponto em comum entre todos os terreiros de Umbanda, são os fundamentos ou pilares que unificam a religião: a crença em um Deus único; o não pagamento, de qualquer espécie, para os trabalhos caritativos desenvolvidos na casa; a não utilização de sacrifício de animais nos rituais ou trabalhos; o não usar magia negativa nos atendimentos; o uso da roupa branca; o respeito ao livre-arbítrio, entre outros.

O que é sincretismo e como começou?

Quando os negros aportaram em terras brasileiras na época da escravatura (primeira metade do século XVI), trouxeram consigo, além da religiosidade e da fé nos Orixás, o conhecimento milenar e toda a história do seu povo, com seus reis, rainhas, príncipes e princesas, poetas e guerreiros de origem negra. Ao desembarcarem no Brasil, os negros foram obrigados a reverenciar os santos da Igreja Católica Apostólica Romana. Por uma necessidade religiosa de adaptação para resolver uma situação de conflito cultural-religioso, os negros cultuavam suas próprias divindades, associando-as externamente a determinados santos. Essa associação se formou através da observação dos feitos heroicos dos santos em relação às virtudes dos Orixás. As rezas, os cânticos e as danças eram, na verdade, para os Orixás na imagem dos santos, enganando espertamente os brancos. Essa fusão de cultos, ou sincretismo, persiste até hoje e está presente em muitos terreiros.

Lado a lado, Oxalá passou a ser Jesus; Iemanjá se transfigurou em Nossa Senhora, Mãe de Jesus; Xangô, Orixá da Justiça, se relacionou com São Jerônimo, com o Livro da Lei e o leão aos seus pés; Oxossi veio a ser São Sebastião; as virtudes de Oxum lembravam Nossa Senhora da Conceição; a Senhora dos Ventos, Iansã, passou a ser Santa Bárbara; Ogum, vencedor das demandas, eternizou-se na figura de São Jorge; Omulu em São Lázaro; Nanã Buruquê em Sant'Ana, avó de Jesus; e Exu firmou em Santo Antônio, havendo algumas diferenças nos diversos estados brasileiros.

O sincretismo foi a solução encontrada para resolver um impasse na época. Vale lembrar que os santos católicos foram personalidades que encarnaram e foram glorificadas pelo seu heroísmo; entretanto, os Orixás são manifestações divinas existentes muito antes de o planeta Terra existir.

A Umbanda faz trabalhos para melhorar a vida das pessoas?

A Umbanda está firmada nas Leis Divinas que regem a vida: lei de reencarnação, lei de sintonia ou afinidade, lei de ação e reação ou lei de retorno. Os caboclos e pretos velhos orientam e esclarecem o consulente, sempre de uma maneira simples, para que ele compreenda a atuação dessas leis na sua vida. A aflição ou adversidade de hoje é consequência do mal viver de ontem. O objetivo principal da Umbanda é conduzir seus simpatizantes e adeptos a uma análise de seus atos, à percepção de seus erros, incitando-os à transformação interna necessária para a mudança nos padrões de vivência. Assim, modificando os pensamentos, sentimentos e ações, a vida começará a tomar um rumo melhor.

Sendo o Preto Velho espírito de escravo analfabeto, como ele pode ensinar sobre leis divinas ou dar bons conselhos?

Através de inúmeras vivências no plano físico, o espírito adquire conhecimento em diversas áreas, além de internalizar os ensinamentos do Cristo-Jesus, se libertando da roda das reencarnações. Esse é o objetivo ou missão de todos nós. Quando o espírito chega num patamar de compreensão das leis que regem a vida, respeitando-as, e vivencia o amor incondicional, poderá, conforme a sua vontade, moldar seu corpo perispiritual. Os espíritos que se revestem na forma de pretos velhos e se apresentam nos terreiros de Umbanda e templos espiritualistas conquistaram, ao longo do tempo, conhecimentos sobre magia, manipulam com destreza os elementos e sabem conduzir com excelência os elementais quando a necessidade exige. Esses amoráveis espíritos conhecem os meandros da psicologia, sendo perfeitos psicólogos. Não nos enganemos com a aparência com que um espírito se mostra aos olhos dos encarnados.

O que são elementais? Qual a diferença entre elementais e elementares?

Elementais são seres que vivem na Natureza ligados a um dos cinco elementos que compõem o planeta. Vivem num mundo próprio, com suas leis, objetivos e evolução diferenciada dos humanos.

Os elementais se agrupam pela vibração dos elementos que compõem a Natureza:

ÉTER: os elementais que atuam são sílfides.

AR: associados aos ventos, tempestades, furacões, tufões, enfim, todo e qualquer movimento do ar. O trabalho dos silfos é a redistribuição da energia vital, descarregando-a.

ÁGUA: neste elemento encontramos as ondinas que vivem nos mares, cascatas, lagos, rios e cachoeiras. As nereidas que habitam os mares e as nuvens e os bebês-d'água que vivem nas praias e à beira-mar. O principal objetivo desses elementais é reter a energia vital o máximo possível, para depois descarregá-la na vida vegetal ao redor e na profundidade das águas.

TERRA: os duendes que habitam na superfície da Terra são modeladores da forma e atuam no subsolo, promovendo o direcionamento estrutural de todo o reino mineral. Os gnomos habitam no duplo etérico do planeta; as ninfas, nas árvores dos bosques e florestas; os peris, nas matas; os djins, no deserto; os elfos, nas vegetações rasteiras; os goberlinos, nos musgos, na hera e nos cogumelos; e os homúnculos, nas samambaias.

FOGO: são as salamandras, os mais esquivos dos elementais, e seu contato com o ser humano é sempre muito difícil.

Os falangeiros dos Orixás trabalham direto com os elementais na cura perispiritual, na regeneração de locais no astral e nas limpezas energéticas nos planos físico e astral, entre outros.

Os elementares são criações artificiais, pensamentos-forma que se alimentam da vibração mental e emocional dos homens, e dependendo do teor vibratório, poderão ser uma forma positiva (criada através das virtudes) ou prejudicial (sentimentos de raiva, tristeza, maledicência, inveja); disformes ou uma imagem bem definida. Os pensamentos-forma, vibrações dos sentimentos e pensamentos, se alimentados com frequência, ficam, a princípio, ligados e se autoalimentando de seu criador, e com o tempo poderão se ligar a outras formas de mesmo teor de sentimentos. Por isso, o *orai e vigiai* para não sermos presas de nossas próprias criações.

É necessário pagar para obter alguma graça ou atendimento na casa de Umbanda?

A Umbanda é uma religião que se utiliza do talento da mediunidade para auxiliar o próximo e contribuir na sua melhora espiritual. Mestre Jesus nos ensina: "o que de graça recebeste, de graça dai", e o Caboclo das Sete Encruzilhadas, ao fundamentar a Umbanda, ressaltou que seria a manifestação do espírito para a caridade. Ao utilizarmos a expressão *caridade* como característica de atendimento, estamos afirmando que não há nenhum tipo de cobrança, troca, presente ou qualquer vínculo monetário entre o atendimento caritativo/mediúnico e o consulente.

Mas existem terreiros de Umbanda que cobram para que os serviços tenham bons resultados.

A Umbanda não liga seus atendimentos caritativos a moeda corrente ou qualquer outra forma de pagamento ou retribuição. Os terreiros ou templos que envolvem algum tipo de pagamento pelos seus trabalhos não são da

Umbanda, mesmo levando seu nome. Precisamos deixar de lado o comodismo que nos leva a pagar para que outros façam o que é de nossa responsabilidade. É urgente que se faça a mudança dos padrões negativos dos sentimentos, pensamentos e atitudes; reconhecer, dentro de nós, o que está provocando a desarmonia na vida, especificamente quais são os erros que insistimos em praticar que são fatores desencadeantes das dificuldades. Às vezes estamos tão enredados em campos energéticos densos criados e alimentados pelo nosso negativismo que basta a conversa amorosa de um preto velho ou de um caboclo, esclarecendo o porquê das nossas dificuldades, com seu modo peculiar, para nos incitar à mudança. É de conversa em conversa, de orientação em orientação, que iremos melhorar a vida, pelo esforço próprio.

Sou médium, iniciei na Umbanda, mas a minha vida não melhora. Por quê?

Muitas pessoas creem que colocando o branco, ou seja, sendo um médium ativo na Umbanda, seus problemas de ordem material ou de saúde serão resolvidos. Ledo engano! Quando começamos a trabalhar, seja através da mediunidade de incorporação, recepcionando a assistência ou doando energia, somos "mexidos" internamente. Fazendo uma comparação, podemos dizer que o médium é um balde cheio de água suja, e que no fundo do balde estão depositadas as impurezas, e mais na superfície a água parece cristalina. Quando o médium começa sua caminhada na Umbanda, as impurezas que estão no fundo do balde, ou melhor, escondidas nas profundezas do ser, virão à tona. As nossas imperfeições, como recalques, medos e inseguranças, acompanhadas de espíritos de pouco esclarecimento e de muita maldade, estarão presentes e em sintonia com o nosso modo de ser. Muitos médiuns desistem da caminhada na Umbanda, pois os embates internos, como forma de limpeza, virão à tona para serem trabalhados. É necessário que o trabalhador umbandista faça a sua parte, cumprindo com os seus deveres da melhor forma possível. Os guias e os guardiões estarão sempre orientando, amparando e fortalecendo seus filhos de fé, mas é preciso prestar atenção aos conselhos que nos são dirigidos através da intuição. Eles querem ajudar, porém não podem fazer a parte que compete a nós, porque, se assim fosse, onde estaria o mérito do progresso evolutivo?

As pessoas que frequentam o terreiro podem pegar "encosto" ou espírito trevoso?

O consulente que frequenta o terreiro de Umbanda traz consigo seus "amigos" espirituais pouco esclarecidos que, por sintonia ou afinidade de pensamentos, sentimentos ou ações, ficam "grudados" na aura do indivíduo, passando para o mesmo seus desequilíbrios. Muitos desses espíritos são esclarecidos e encaminhados para outras paragens no plano Astral, dando continuidade a sua caminhada evolutiva. Este encaminhamento se dá no momento da palestra, passe ou orientação, conforme a programação de trabalho do terreiro. Se o indivíduo, ao sair do terreiro, vibrar em sentimentos e pensamentos negativos de impaciência, raiva, intolerância, entre outros, se ligará imediatamente a novos espíritos que, no popular, chamamos de "encosto" ou espírito trevoso. Esta é a lei de sintonia unindo ambos os seres.

É seguro trabalhar numa casa de Umbanda?

A segurança no trabalho mediúnico está intimamente ligada ao comportamento e atitudes do médium dentro e fora do terreiro. Claro que a Umbanda não exige a perfeição de seus médiuns, muito menos que sejam indivíduos aureolados. Pelo contrário, os médiuns são espíritos faltosos perante a vida e ciente desse fato; a Umbanda estimula a mudança de hábitos e costumes que prejudicam a sintonia com os Guias. A transformação se dá sutilmente. O médium em sintonia com a entidade é envolvido por energias benfazejas e, por ter uma mediunidade consciente, irá assimilar, juntamente com o consulente, os ensinamentos expostos. Na sua vida profana, ou seja, nos embates da vida cotidiana longe do terreiro, o medianeiro necessitará se valer da sua força de vontade, exercitando os sentimentos nobres e agindo de acordo com os exemplos apresentados pelas entidades/Guias.

Podemos dizer que esse é o compromisso do médium, mas há, também, a proteção formada pelos amigos espirituais. Quando um grupo de médiuns se propõe a doar seu tempo àqueles que necessitam de ajuda, seja encarnado ou desencarnado, tendo a mediunidade como ferramenta essencial ligando ambos os planos de vida – físico e astral –, com certeza haverá proteção dos falangeiros dos Orixás – no caso específico de um grupo de Umbanda – para que o trabalho transcorra em segurança e harmonia. Estarão os exus, os caboclos de Ogum e de Oxossi fazendo um cinturão de proteção para que espíritos vândalos, brincalhões e embusteiros não consigam chegar próximo à área do terreiro, no plano astral, atrapalhando e desestabilizando os trabalhos.

Quem frequenta a casa de Umbanda fica amarrado?

As portas dos terreiros ou casas de Umbanda estão sempre abertas a todos que queiram entrar ou sair. A liberdade de estar ou não na Umbanda, seja médium trabalhador ou frequentador, é respeitada por aqueles que a representam. A Umbanda é paz e amor!

Tenho medo de entrar nessas casas, dizem que não são de Deus.

Geralmente, o desconhecido faz vibrar o medo em nós. As engiras, que são a manifestação de entidades/ Guias ou Protetores de uma determinada linha, através dos médiuns de incorporação, acontecem sem que a assistência (público) possa ver, apenas ouvir. Então, quando o médium incorpora um caboclo, por exemplo, com seu brado assovio ou estalar de dedos, provoca sentimentos conflitantes no consulente que está entrando pela primeira vez num terreiro.

A Umbanda leva a bandeira da paz em nome de Cristo-Jesus auxiliando a todos que necessitarem de ajuda, tal como o Nazareno fazia há mais de dois mil anos.

Como faço para ser trabalhador umbandista?

Cada terreiro de Umbanda possui seus critérios de adesão ao quadro de trabalhadores. É necessário se informar sobre os procedimentos de cada casa na qual tem interesse para, então, se colocar à disposição para trabalhar.

Como se divide o espaço físico do terreiro?

Para que um terreiro possa fazer a caridade, é imprescindível ter uma assistência, nome este que designa o público frequentador. Ela é a sustentadora e a razão da existência do terreiro com seus trabalhos mediúnico-caritativos. Para adequar os dois grandes grupos de pessoas – a assistência e os médiuns incorporados com suas entidades –, o espaço físico deverá ser dividido em duas áreas: uma reservada ao público que vem em busca de ajuda, e que se situa, geralmente, na área próxima às portas de saída, com cadeiras ou bancos e acesso aos banheiros; e outra área contínua a este salão, separada por um pequeno muro, cortinas, grade pequena ou outro tipo que delimite o espaço, onde se realiza os atendimentos espirituais, que os umbandistas chamam de abassá.

Por que essa divisão entre as áreas reservadas ao público e aos médiuns?

A divisão é necessária para separar o espaço relativo ao Sagrado e ao público, vetando a entrada de pessoas que não fazem parte do quadro de obreiros da casa.

Será liberado o acesso às pessoas somente no momento dos aconselhamentos e segundo as normas do terreiro. Somente em situações especiais será permitido o acesso no abassá de uma ou mais pessoas, com a autorização do cambono-chefe ou do zelador espiritual, mas são particularidades momentâneas. Esse perfil de divisão de áreas facilita a organização e a disciplina em todos os trabalhos oferecidos pelo terreiro.

Poderia explicar melhor o que é abassá?

Abassá é o nome dado ao local sagrado, de adoração e respeito a Olorum (Deus), aos Orixás, aos seus Falangeiros e aos ancestrais. É nesse espaço que acontecem as incorporações que, em parceria – médium e Guia –, orientam, aconselham e ministram o passe energético no consulente. Possui um altar, peji ou congá, onde estão dispostos alguns elementos como imagens, flores, pedras, água, velas, entre outros, bem como os assentamentos dos pontos de força dos Orixás. Nesse local os médiuns se recolhem, desligam-se das dificuldades do mundo profano e se preparam vibratoriamente para os trabalhos mediúnicos que irão ocorrer.

Ao entrarmos no abassá, devemos ter uma postura de respeito, evitar conversas profanas, somente assuntos relacionados aos trabalhos da casa.

O médium ativo na sua mediunidade tem proteção? Quem faz a segurança espiritual dele e das suas residências?

O médium de boa vontade que se dedica com assiduidade à caridade, seja num templo, terreiro, casa de

Umbanda ou espiritualista, estará sempre amparado e protegido pela egrégora espiritual da casa. Esse amparo prevalecerá, respeitando sempre as escolhas do medianeiro na vida cotidiana. Se, no decorrer do seu mediunato, o médium começar a trilhar caminhos que, futuramente, o levarão ao sofrimento e à dor, em outras palavras, passar a exercer atitudes que o prejudicarão na sintonia com seus Guias e Protetores, haverá avisos de alerta, chamando-o à razão por parte da sua Banda. Em geral, o amparo e a proteção se estenderão não só ao médium e sua residência, mas também aos familiares mais diretos, como filhos, esposa(o), pai e mãe.

O que acontecerá se o médium não der crédito aos avisos do seu Guia?

Quando o médium começa a ter atitudes que venham a prejudicar a sintonia com seus Guias nas tarefas mediúnicas e, apesar dos avisos constantes, não ocorrer uma mudança de atitudes e procedimentos, a sua Banda se afastará. Não podemos interpretar esse afastamento como briga ou desentendimento do plano espiritual para com o médium, e sim como uma mudança de vibração. Seus guias ou mentores não conseguirão se aproximar do campo energético do médium; consequentemente, ficará ele à mercê de espíritos que vibram na nova faixa que ele, por sua livre vontade, sintonizou.

Nesse caso, o médium estará perdido por toda encarnação, sem o auxílio dos seus Guias?

A espiritualidade fará todo o possível para abrir os olhos do médium, mas se for da sua vontade trilhar por caminhos tortuosos, negando a sua mediunidade ou utilizando-a indevidamente, ele provocará, naturalmente, uma desvinculação da parceria médium/Guia. Salientamos que esse afastamento do espírito Guia se dá por leis da física, o que significa que as atitudes nocivas atrairão outro tipo de consciências desencarnadas, tal qual o ímã que atrai a limalha de ferro. Mesmo estando entristecido pelo caminho escolhido do seu pupilo, o Guia não ficará desocupado, pelo contrário, se envolverá com outras tarefas no plano Astral. Consciente de que o tempo é a solução para todos os problemas, o amigo benfazejo aguardará pacientemente, pois chegará o dia em que o médium, cansado de sofrer, onde estiver, independente do tempo passado, se arrependerá por não escutar as palavras de alerta a ele endereçadas, chorará pelo tempo perdido e suplicará por uma nova oportunidade de crescimento.

Se o médium tem proteção da espiritualidade, qual o porquê das dificuldades e problemas diários?

Nascemos com um roteiro pré-estipulado de fatos que o espírito deverá vivenciar objetivando seu crescimento espiritual. Esse roteiro poderá ser alterado segundo as nossas escolhas, que originarão outras situações mais brandas e felizes, ou, então, situações de infortúnios e tristezas. Esse desencadeamento de fatos é fruto do livre-arbítrio de cada um. A adversidade ou as dificuldades diárias são necessárias para despertar os talentos e dons de cada um e para que o indivíduo reveja seus hábitos e condicionamentos que costumam prejudicá-lo, sejam eles de ordem física, mental ou emocional.

Costumamos responsabilizar os outros ou o ambiente externo por nossos erros e dificuldades na vida, e esquecemos que na penumbra de nosso ser habitam nossos maiores inimigos – agentes de nossas dificuldades –, que são: ansiedade, insegurança, preguiça, indisposição, indolência, fraquezas de caráter, falta de sinceridade, de responsabilidade, de disciplina, de compromissos, de organização e de ordem mental, entre outras. Os problemas diários, assim como um exercício, trarão à tona esses inimigos, que nortearão ou não as nossas escolhas, cujo resultado poderá ser benéfico ou não. Ao identificarmos uma fraqueza ou hábito negativo e utilizarmos de nossa vontade e determinação para eliminá-los, criaremos um novo caminho com experiências mais favoráveis.

Este é o modelo de educação espiritual necessário a nós, habitantes da Terra, planeta de provas e expiações. Então, por mais que a espiritualidade – Guias, Protetores, Mentores ou Guardiões – tenha um grande carinho pelo médium, cuja origem se perde no tempo, também sabe da necessidade de educação espiritual por meio da dor e da aflição. Assim, o Guia e os Protetores utilizam-se da intuição, da inspiração ou da orientação para guiar seu pupilo, e com essa ajuda ele poderá fazer bom uso de seu livre-arbítrio, combatendo seus males internos, levando-o a caminhos mais tranquilos e edificantes.

O que acontece na contraparte invisível, quando frequentamos um terreiro?

Geralmente, a pessoa que procura um terreiro de Umbanda para receber um passe energético ou orientação do plano espiritual chega em desequilíbrio emocional, mental, quando não com distúrbios no corpo físico, e, por sintonia, traz consigo espíritos desencarnados que estão vibrando no mesmo diapasão. O auxílio espiritual inicia-se no momento em que o consulente entra no terreiro.

Já no portão de entrada encontramos, a postos, os exus que farão a triagem dos espíritos desencarnados, acompanhantes do consulente. Essa triagem separará os desencarnados conforme o seu momento consciencial, de merecimento e grau de maldade, liberando para alguns a entrada ao templo, enquanto, para outros, a permissão será vetada, ficando esses últimos retidos na tronqueira – assentamentos dos exus. A reclusão será por um determinado tempo e, após esse período, serão encaminhados a outros locais, conforme determinação do Alto.

Em muitos terreiros adota-se uma palestra que antecede o aconselhamento com as entidades vibradas nos médiuns, dando início ao trabalho espiritual propriamente dito. A palestra tem a função de preparar energeticamente a assistência encarnada e desencarnada para receber a ajuda necessária condizente ao seu momento atual.

Durante a palestra, os trabalhadores espirituais correm gira trabalhando, para que todos sejam atendidos dentro das suas necessidades e merecimento.

O que é correr gira?

Correr gira é um termo usado no meio umbandista que significa estar atento a tudo e a todos, para que o objetivo proposto pelo plano espiritual seja alcançado. Numa engira, muitos espíritos, como caboclos, Pretos Velhos mandingueiros, exus, baianos, marinheiros, juremeiros, aqueles que fazem parte da banda do terreiro, estarão em prontidão, auxiliando, esclarecendo e encaminhando os seres que lá chegam com suas aflições e pendengas cármicas. Tudo é computado e analisado, para então serem tomadas as providências necessárias. Alguns espíritos serão conduzidos à ala hospitalar, que se localiza na contraparte oculta do terreiro; outros serão recebidos por entidades que estabelecerão um diálogo fraterno, esclarecendo pontos importantes e decisivos na caminhada de cada um; outros serão alimentados, limpos e vestidos; é todo um conjunto organizado de tarefas que ocorrem simultaneamente, durante uma sessão de atendimento caritativo.

Por que não é permitida a entrada de todos os desencarnados?

Toda agremiação religiosa que tem por objetivo principal a caridade, além de ser um foco de Luz, possui, na sua contraparte etérica, espíritos que guarnecem a entrada. Esses espíritos se apresentam em diversas formas perispirituais ligadas a diversas falanges, como exus, guardiões, caboclos, índios flecheiros, entre outros. Esse ponto de Luz incomoda aqueles que querem viver na Sombra, pois a Luz clareia, traz discernimento, aquece o coração de todos. Então, as "gangues" do Astral inferior se ligam fluidicamente aos encarnados em desequilíbrio para entrar no terreiro e promover confusão, atrapalhar e instalar a desordem nos trabalhos de caridade que estão sendo realizados.

Os trabalhos no plano físico e no oculto terminam no mesmo momento?

Para que o terreiro tenha o amparo dos espíritos benfeitores, é de máxima importância que haja disciplina, organização e respeito, bases essas onde serão firmados todos os trabalhos. Para tanto, é essencial um horário predeterminado para iniciar e terminar, bem como um ritual que organizará as tarefas, sejam elas mediúnicas ou relativas à assistência; respeito entre os médiuns trabalhadores e a hierarquia; ausência ou controle de fofocas, melindres ou qualquer outro tipo de desarmonia nos relacionamentos. Consequentemente, a sessão de caridade no plano físico terá horário de término, ao passo que, na sua contraparte invisível, os trabalhos de socorro continuarão adentrando a noite. Geralmente, nessa segunda parte dos atendimentos, a espiritualidade solicita a presença de alguns médiuns que, em desdobramento natural do sono físico, ajudarão nas tarefas de socorro, fornecendo o ectoplasma.

E para o encarnado que chega ao terreiro solicitando ajuda, o que acontece?

O restabelecimento do equilíbrio energético requer do indivíduo uma frequência contínua nos dias de caridade pública, para que, aos poucos, ele possa assimilar os ensinamentos repassados nas palestras que ocorrem frequentemente antes das engiras. O passe é útil para seu fortalecimento energético e, se necessário, a conversa amiga e amorosa das entidades espirituais que estão vibradas nos seus aparelhos será de grande ajuda na compreensão da situação em questão.

Numa sequência de vindas ao terreiro, o indivíduo será "trabalhado" energeticamente pelo plano espiritual, retirando as energias negativas, miasmas, formas-pensamentos negativas, amparando e encaminhando os irmãos desencarnados que ainda estão em seu campo energético por sintonia. Assim como a água mansamente perfura a solidez da pedra, pela presença contínua no terreiro, o indivíduo, sutilmente, irá reconduzir, de uma maneira mais harmoniosa, sua vida, compreendendo seus erros e fazendo as modificações necessárias em seu caráter para que não venha a cair novamente nos falsos enganos de ontem.

Qual é o teor da conversa com as entidades? Podemos saber sobre o nosso futuro?

A Umbanda não faz sortilégios, adivinhações ou previsões, e sim consola, ampara e orienta. Quando o consulente chegar ao terreiro sentindo-se sem esperança e ânimo para a luta diária, como se estivesse levando todo o fardo do mundo nas costas, ao chegar à frente do preto velho ou do caboclo, não conseguirá segurar as lágrimas e desabará a chorar. Esse pranto, represado há muito tempo dentro de seu peito, se liberta quando se sentir envolvido pela vibração forte de amor vindo da entidade. Assim, com extrema delicadeza e firmeza nos aconselhamentos, o preto velho vai cortando ligações fluídicas mentais e emocionais, provindas de encarnados ou desencarnados, transmutando todas as energias negativas e organizando todo o complexo energético do consulente.

Os problemas de saúde ou materiais poderão ser resolvidos na Umbanda?

As dificuldades que passamos hoje são resultados de ações inadequadas, nesta vida ou em vidas passadas, que precisam se harmonizar perante a Lei Maior. Não é a Umbanda ou outra religião que irá resolver os problemas ou eliminar as dificuldades que estão no caminho. É necessária, urgentemente, a transformação interna, levando à mudança de pensamentos e sentimentos, consequentemente, à compreensão da vida. A Umbanda ensina que temos os Orixás dentro de nós e que precisamos acionar essas forças divinas para vencer os obstáculos que a vida impõe para o nosso crescimento.

Além do auxílio das entidades com suas orientações, quais outros benefícios os frequentadores poderão receber da Umbanda?

A Umbanda dispõe de um manancial de elementos que vêm em auxílio daqueles que desejam compreender o seu momento de vida, ajudando-os a se transformar.

Cada Orixá possui um aspecto ou atributo, ou seja, palavras-chaves que poderão ser a alavanca para a mudança tão desejada. Os banhos de ervas e estar em contato com a natureza onde cada Orixá vibra são mais um recurso para quem se encontra em desarmonia emocional e mental.

Quem dita a dinâmica das engiras? O ritual é fixo?

Cada terreiro de Umbanda tem seu ritual particularizado, ditado pelos mentores espirituais ao sacerdote/médium, mas sempre respeitando o núcleo duro da Umbanda, que são as seguintes diretrizes, ditadas pelo Caboclo das Sete Encruzilhadas ao seu médium, Zélio de Moraes: horários definidos de início e término da sessão; participantes uniformizados com roupa branca; atendimentos gratuitos; ausência de sacrifícios animais ou de imolação com derramamento de sangue em qualquer atendimento, seja para o consulente ou para o médium; caridade como viga principal da Umbanda. Poderá haver pequenas alterações no ritual em dias especiais, festivos, gira em homenagem a um Orixá, sempre com o aval dos Guias espirituais da casa.

Qual roupa devo usar quando for a um terreiro de Umbanda?

A Umbanda é um culto popular. Muitos terreiros deram os primeiros passos na caridade tendo como espaço físico um barracão de fundo de quintal, garagem ou quarto pequeno em bairros humildes. A expansão da área física acontecia quando a assistência (público) crescia, forçando os integrantes da corrente a angariar fundos monetários e adquirir ou alugar um imóvel maior. Sendo sua origem humilde, o que nos faz sentir em casa, muitos se esquecem de colocar roupas adequadas para ir ao terreiro. Devemos usar roupas apropriadas a um evento religioso, assim como nos vestimos em conformidade para ir a um baile ou formatura, à praia ou à ginástica. Por exemplo, saias curtas e/ou justas, bermudas femininas e masculinas, decotes avantajados, calças de cós baixo, camiseta de física e miniblusas são trajes inadequados para um culto religioso. Precisamos exercitar o respeito pelo local sagrado que estamos visitando.

Por que preciso entrar descalço para receber o passe?
O abassá é considerado solo sagrado para os umbandistas. As consagrações, os preceitos, as cerimônias de casamento e batismo, a reverência à ancestralidade, as rogativas e agradecimentos, as oferendas aos Orixás são atos realizados nesse espaço. Utilizamos o calçado para proteger os pés das sujeiras do chão, além de nos proporcionar conforto ao caminhar. Infelizmente, as vias públicas de nossas cidades são sujas, com resíduos orgânicos deixados no chão, e toda essa energia deletéria fica impregnada nas solas dos sapatos, energias impróprias para um local sagrado. Estar com os pés descalços é reconhecer um estado de imperfeição. Os pés nus expressam a nudez total do ser, a sua pequenez em sua dependência face a face ao Criador e ao Sagrado. Os pés descalços representam a humildade e o respeito para com o Criador, os Orixás e a ancestralidade.

Por que batemos ou tocamos três vezes no chão ao entrar no terreiro?
Na África, o conhecimento era passado oralmente, não havia necessidade de registrá-lo através da escrita. O não saber escrever, nesse caso, não era sinônimo de analfabetismo, atraso sociocultural ou restrição na comunicação entre os habitantes de uma nação, até porque a palavra falada era instrumento perfeito para a perpetuação da

sabedoria ancestral. O conhecimento e os testemunhos da vida eram, então, passados a todos, oralmente, de uma geração às subsequentes.

Então, alguns gestos, palavras ou rituais relacionados ao Sagrado foram preservados através da palavra falada. Quando os negros africanos chegaram ao Brasil, trouxeram consigo toda a sabedoria, segredo do ritual Sagrado, assim como o amor pela terra Mãe.

Por isso que, para entendermos o significado de algumas palavras ou gestos, necessitamos retornar aos anciões e à África. Exemplo disso é tocar o solo sagrado do terreiro três vezes com os dedos antes de entrar.

Para os nagôs, o Universo se dividia em nove planos, sendo quatro superiores e quatro inferiores. O planeta Terra se localizava justamente no plano intermediário, sendo chamado de *plano astral terrestre*. Através desse espaço chegavam à Terra os Orixás e os ancestrais vindos dos outros planos. Os nagôs entendiam que os Orixás e os ancestrais surgiam de dentro da Terra, assim, após a invocação de um Orixá ou ancestral, eles batiam três vezes no solo. Então, o gesto de tocar três vezes o solo significa o "assim seja" dos espíritas ou, então, "cumpra-se" aquilo que foi determinado pelos Sagrados Orixás. Esse procedimento também é repetido no solo na frente dos atabaques (tambores). Pela batida cadenciada do atabaque, através da magia do som, os filhos da Terra pedem ajuda, "chamando" os falangeiros, os ancestrais ou os Orixás para que "desçam" para socorrê-los.

Posso ter um congá, tronqueira ou um Cruzeiro das Almas em casa?

O congá, a tronqueira e o Cruzeiro das Almas são pontos de força necessários quando há um intenso fluxo de energias negativas e positivas na contraparte etérica do terreno. Cada ponto de força tem sua função própria de aglutinação, condensação, expansão ou escoamento de energias procedente das demandas trazidas pelos encarnados. Esses pontos de força são como portais no plano astral onde transitam grande número de desencarnados em sofrimento e sem esclarecimento sobre as leis que regem a vida, assim como espíritos benfazejos que chegam para fazer a caridade. Ao fixarmos em nossa residência esses pontos de forças, estaremos fazendo uma ligação ou dando conotação de "ordem de trabalho" em nossa casa, mas sem termos o amparo legítimo de uma egrégora espiritual, que poderá originar distúrbios de toda ordem para aqueles que lá vivem.

Então, é errado ter um congá em casa?

Geralmente temos em casa um oratório ou mesinha com uma imagem, local onde realizamos os nossos agradecimentos e rogativas, nos fortalecendo para as tarefas do dia. Temos que ter cuidado com as nossas orações, com as súplicas para terceiros, pois muitas vezes o fazemos sem o consentimento daquele por quem estamos orando, atraindo então espíritos sofredores que ficarão "morando" em nossa casa.

Por que em alguns terreiros podemos ver as incorporações e em outros não?

Cada terreiro tem suas particularidades na realização dos trabalhos e a todos devemos respeitar, sem generalizar. Podemos dizer que um dos motivos de algumas agremiações não deixarem assistir às manifestações mediúnicas é para não alimentar uma possível exibição anímica do médium no momento de sua incorporação, querendo fazê-lo ser o foco das atenções, prejudicando, assim, sua ligação fluídica com os Guias. É uma proteção, adotada pelo dirigente, para que o médium não venha a se perder em sua mediunidade.

Algumas pessoas frequentam durante muito tempo casa de Umbanda e não conseguem a cura para os seus males. Por quê?

A responsabilidade pela obtenção da cura não deve ser transferida para a espiritualidade, a pessoa que é a principal interessada deverá promover mudanças em sua vida. Porém, muitos não querem largar seus vícios e costumes, como fumar, ingerir bebidas alcoólicas, comer em demasia, vibrar na raiva, na mágoa, esquecem-se da higiene mental e até da física, não realizam exames médicos periódicos, são desleixados, esquecendo que o corpo físico é o instrumento do espírito para a evolução. Lembram-se da espiritualidade apenas quando a doença está num grau avançado.

Muitas vezes é necessário o indivíduo "viver" a sua doença, sendo ela uma forma de escoar as energias negativas obtidas nesta ou em outras vidas, limpando seu perispírito para futuras encarnações, mesmo que a doença leve ao desencarne. Então, a cura se dará no perispírito, invisível aos olhos, e não no corpo físico.

Não há uma determinante, e sim muitas variáveis que influenciam na obtenção ou não da cura. Cabe também ao buscador analisar que tipo de terreiro ou casa de Umbanda está frequentando: há disciplina ou ordem nos trabalhos? É realizada a caridade gratuita? Foi orientado ao tratamento espiritual juntamente com a medicina terrena? Existe coerência nas orientações? Houve solicitação de pagamento pelo tratamento espiritual?

RITUAIS,
FUNDAMENTOS E ELEMENTOS DE RITO

O que é ritual?
Ritual é um conjunto de procedimentos ou formalidades adotados pelo sacerdote ou chefe espiritual para disciplinar e organizar os trabalhos. Esse conjunto de formalidades é uma mescla de gestos, movimentos, cânticos e orações que variam de terreiro para terreiro. O ritual também é uma forma de facilitar a ligação entre os dois planos – físico (Aiyê) e espiritual (Orun) ou médiuns e Guias. Os participantes de uma engira, médiuns e assistência, necessitam de uma liturgia rotineira para firmar o pensamento nos momentos espirituais. O ritual é ordenador e disciplinador, sendo uma de suas funções principais aquietar a mente do medianeiro, para que ele se desligue lentamente das atribulações diárias, elevando sua vibração, para que possa então sintonizar com os seus Guias.

Há somente um tipo de ritual?
A Umbanda possui uma diversidade de rituais conforme o objetivo desejado. Alguns desses rituais são: defumação, ritual do amaci, casamento, batizado, preceito, banhos, descarga energética.

Os trabalhos mediúnicos têm horário para começar e terminar?

Nos terreiros de Umbanda há uma disciplina nos horários de início e de término, havendo uma pequena diferença entre os terreiros, mas o término não passa da hora grande.

O que significa hora grande?

Hora grande é o nome que designa cada metade do dia. A primeira grande hora dá-se ao meio-dia ou 12 horas, momento em que o sol está no ápice de sua luminosidade. A partir desse momento, com o movimento de rotação da Terra, os raios solares gradativamente perdem sua força e o dia se encaminha para o anoitecer. A claridade do dia diminui entrando na obscuridade da noite e, assim, encerra-se mais um ciclo diurno, que culmina às 24 horas, meia-noite, também chamada de segunda hora grande. De um lado do planeta, a negritude da noite impõe repouso aos seus habitantes; do outro lado, a luz do sol vivifica os seres. Muitos pontos cantados falam da segunda hora grande, ou seja, meia-noite, momento propício em que os exus e bombogiras atuam nos seres encarnados e desencarnados, estabelecendo a ordem nos planos densos deste planeta.

Por que os trabalhos de Umbanda não podem passar da meia-noite?

Nesta segunda grande hora os seres de energias mais densas (desencarnados) têm a oportunidade de acesso ao nosso planeta para despertar da hipnose sombria e acordar o lado bom que ainda existe neles. Quando seu humanismo desperta, são encaminhados e direcionados pelas equipes de socorristas noturnos – exus e bombogiras – para locais de recuperação e refazimento, sempre dentro da Lei Maior e do merecimento de cada um. Como o horário da meia-noite é o auge da escuridão, por conseguinte, é também o momento em que há maior atuação e força dos espíritos trevosos que não querem ser socorridos e, por isso, ligam-se à baixa magia. Da meia-noite até mais ou menos as quatro da manhã (hora de Ogum), os espíritos trevosos aproveitam para procurar encarnados que estão desdobrados pelo sono, induzindo-os à sua derrocada, levando-os aos prazeres mais inferiores.

Então, quando dormimos, estamos à mercê desses espíritos do mal, sem nenhuma proteção?

Nessa hora, quando a maior parte da população está dormindo, o perispírito se desprende da roupagem carnal, ficando ligado apenas pelo fio de prata, saindo à procura de ambientes no plano astral para satisfazer seus desejos mais íntimos, cujo ambiente poderá ser bom ou insalubre. O ser desdobrado pelo sono, por sua negligência às coisas do espírito ou por apego às sensações físicas, procura ambientes de baixa vibração, dando oportunidade para que outras consciências desencarnadas façam ligações e conexões de obsessões complexas, levando-o à total desarmonização. Para que isso não aconteça, é necessário estar atento, durante a vigília, aos desejos mais secretos e realizar a reforma íntima e o costume de orar ou realizar uma leitura edificante antes de dormir. A oração eleva a vibração, deixando o perispírito mais leve, consequentemente indo ao encontro de ambientes saudáveis.

E a primeira hora grande, o meio-dia, poderia explicar as características?

A luz solar é um elemento energizador que promove limpeza e "varredura" espiritual no plano físico, sanando nosso ambiente energético e eletromagnético, proporcionando uma maior ativação energética. Enquanto a ausência da energia solar propicia o acúmulo de energias deletérias, em contrapartida, a exposição moderada aos raios solares trará benefícios ao conjunto dos corpos espirituais.

Somos influenciados energética e espiritualmente pelo período de exposição solar. Tanto é verdade que, durante o dia, sentimo-nos mais energizados e bem-dispostos e, à noite, sem energias e sonolentos. Muitos falecimentos acontecem à noite, quando o corpo físico enfermo e desvitalizado não recebe energia da luz solar.

A primeira hora grande é o momento em que temos maior exposição solar, energética e magnética, e as vibrações crísticas e solares estão mais fortes, puras e elevadas.

O que é congá?

Altar, pegi ou congá é o coração do terreiro que pulsa, envia e recebe energias. Esse pulsar, que é o movimento das energias, se dá pelos agradecimentos, rogativas e pelo sentimento de fé tanto dos médiuns trabalhadores como dos consulentes e entidades benfazejas.

Toda energia positiva que se aglutina em torno do congá pelo ato de fé e se intensifica pelas vibrações emitidas do Alto, num rebaixamento vibratório, passa pelos assentamentos de cada Orixá. Essa aglutinação de forças benfazejas banha o plano físico como feixes cristalinos, na horizontal, envolvendo todos os espíritos que lá estão: encarnados e desencarnados, sem distinção de nível de conhecimento, grau evolutivo, cor ou raça. Todos absorverão energias de serenidade, paz, alegria, confiança, fé, amor e coragem, ou seja, os atributos dos Orixás na forma sutil.

Não são somente as energias positivas que se agregam e se movimentam por esse coração; os miasmas, as formas-pensamentos e todo tipo de energia negativa que se encontra no campo energético do consulente ou do médium são atraídos para o congá, aglutinando-se e condensando-se para serem devolvidos à terra. E pela ação telúrica e atuação dos elementais, essas energias densas serão transmutadas e devolvidas à natureza na forma de energia positiva.

O congá, no plano oculto, é um grande farol iluminando a escuridão do Umbral, atraindo para si aqueles que estão cansados de sofrer e sedentos por uma nova vida. Esses espíritos são acolhidos e amparados pelos trabalhadores "do lado de lá", e a energia criada pelo sentimento de caridade e amor incondicional manifestado por esses trabalhadores de Jesus se mistura com as vibrações emitidas dos encarnados, potencializando o axé. Além disso, é um sinalizador para espíritos de outras "bandas" ou searas que queiram se unir ao Grande Banquete de caridade. A Umbanda é universal e todos são bem-vindos para o trabalho de ajuda ao próximo.

Por que encontramos em alguns congás imagens de santos católicos?

Cada terreiro tem suas particularidades impressas pelo dirigente/sacerdote, as quais podem ser percebidas não somente no ritual, como também na disposição dos elementos (imagens, velas, água, flores, pedras e outros) no congá. Quando as diretrizes do terreiro remetem à África, encontraremos imagens de africanos com seus símbolos representando cada Orixá; outras casas terão imagens de santos católicos juntamente com imagens de preto velho e caboclo, fazendo uma correlação dos atributos dos Orixás com os santos do catolicismo e auxiliando no entendimento das energias dos Orixás. Muitas pessoas se sentem à vontade e tranquilas quando encontram no terreiro de Umbanda seu santo de devoção. Isso é Umbanda com toda a sua diversidade e simplicidade.

Qual o sentido de bater cabeça no congá?

O ato ritualístico de bater cabeça consiste no médium deitar-se à frente do congá, de barriga para baixo, encostando a testa no chão. Com essa atitude, o medianeiro, além de demonstrar respeito, humildade e agradecimento, saúda a Olorum, Deus, Zambi ou Pai Maior, Jesus, aos Orixás, à entidade chefe do terreiro, bem como aos da sua coroa mediúnica. No momento do ato, faz uma prece mental, pedindo licença, proteção e amparo, e se coloca à disposição para os trabalhos da noite.

Todos os terreiros de Umbanda utilizam atabaques nos trabalhos?

Os atabaques são instrumentos de percussão que acompanham os pontos cantados. O toque ou a batida ritmada induzem o médium à concentração, não deixando sua mente desviar-se do propósito do trabalho espiritual, e também facilitam o transe mediúnico. Sendo elementos de rito, sua utilização ou não nos trabalhos espirituais não modificará o fundamento do terreiro, apenas facilitará o andamento das tarefas. O som do atabaque vai muito longe, chegando aos planos ocultos densos e chamando os falangeiros dos Orixás para o trabalho da noite. O som leva, intensifica e sustenta a energia que está sendo liberada dos médiuns através do transe mediúnico para os trabalhos de socorro. O atabaque é o ponto de sustentação, ligação e proteção do médium desdobrado e seu Guia nos campos de demanda.

O que são pontos cantados?

Pontos cantados são orações com ritmo, ou seja, preces cantadas, verdadeiros mantras. O ponto cantado tem o poder de ligar os dois mundos ou planos – Aiyê (físico) e Orun (espiritual) –, sendo utilizado para diversos fins ritualísticos. Há pontos de louvação; pontos de chamada ou invocação de linhas ou falanges; pontos para solicitar a subida ou desincorporação das entidades; pontos de sustentação para que a engira não tenha oscilações vibratórias; pontos para abrir e encerrar trabalhos; pontos de defumação; pontos para descarregar ou realizar a limpeza energética. Para todo momento há um ponto cantado unindo ambos os planos: o visível e o invisível.

O que são Aiyê e Orun?

Àiyé, Ayé ou Aiyê é uma palavra de origem yorubana que significa Terra, mundo ou plano físico. Orun é o mundo espiritual, onde vivem as entidades da Umbanda. Aiyê é o reflexo imperfeito de Orun.

O que é ponto de raiz?

Ponto de raiz é aquele passado pela entidade enquanto o médium está incorporado. Geralmente são pontos curtos, simples, com poucas estrofes, mas com um enorme significado oculto. Os pontos de raiz têm um grande poder magístico de abrir e fechar caminhos, de movimentar energias que, em conjunto com o som do atabaque, têm grande alcance de atuação.

Por que o uso da roupa branca?

A roupa branca transmite uma sensação de limpeza, assepsia, calma, paz espiritual e serenidade. O branco possui característica refletora e sugere libertação, iluminando o lado espiritual e restabelecendo o equilíbrio interior. O médium de vestimenta branca serve como identificação de quem são os trabalhadores do terreiro, facilitando assim o reconhecimento daqueles que chegam pela primeira vez na casa. Numa corrente mediúnica onde todos estão de branco, as diferenças de condição social, financeira ou intelectual não existem, o branco não personaliza, ao contrário, ele unifica e nos lembra de que somos iguais perante o Pai.

Todo terreiro de Umbanda tem palestra?

Um dos objetivos principais da palestra ministrada nas casas espíritas, umbandistas ou espiritualistas é elevar, o máximo possível, o tônus vibratório da assistência para que a espiritualidade possa atuar beneficamente nos campos mental, emocional e etérico do consulente. A palestra tem a função de "acordar" o espírito encarnado adormecido para as verdades espirituais e colocá-lo no caminho da transformação interior. Por isso, é necessária uma conversa fraterna sobre diversos temas espirituais, autoajuda ou autoconhecimento, sendo então a palestra mais um recurso solicitado pela espiritualidade que a maioria dos terreiros tem como complemento ao seu ritual.

Qual o fundamento de largar ou arriar despachos/oferendas nas vias públicas e sítios da natureza?

Cada agremiação umbandista tem seu entendimento de como e onde arriar oferendas e despachos e a todas devemos respeitar. A Umbanda nos remete à louvação do Orixá que é manifestação do divino e encontramos na Natureza sua representação ou energia mais pura; por isso, é contraditório seus filhos poluírem os locais sagrados dos Orixás. Ao visitar uma cachoeira, mata, pedreira ou mar, principalmente nas festas de final de ano, encontramos todo tipo de lixo, desde copos plásticos, papéis coloridos, fitas, restos de cera de vela, vidros ou alguidares contendo elementos orgânicos, até barquinhos de plástico, isopor ou madeira. Esses materiais utilizados nas oferendas necessitam de algumas centenas de anos para se decompor e são despachados sem nenhum comprometimento ecológico, que deveria ser a característica principal de um umbandista.

Toda oferenda tem uma finalidade, um fundamento, pois seu objetivo é de agrado aos Orixás, uma rogativa ou fortalecimento da vibração do Orixá com o Ori do solicitante. Numa visão ecológica, os médiuns poderão utilizar-se de folhas de plantas (como da bananeira) em lugar do papel, como base onde serão dispostos os elementos ofertados, ou cuias ou cascas de frutas no lugar de copos. Se for indispensável o uso de algum utensílio industrial, o mesmo deverá ser recolhido após ter sido ofertado com velas, rezas e meditações. O tempo de oferenda pode variar de 20 a 30 minutos, o suficiente para que a energia seja absorvida pelos espíritos representantes dos Orixás ou pelos elementais.

Já os despachos são largados nos cruzamentos das vias públicas, onde transitam inúmeras pessoas, com pensamentos e sentimentos em desequilíbrio; na contraparte etérica dessas mesmas vias, encontram-se espíritos desencarnados que perambulam a esmo, perdidos ou não no tempo. Esses desencarnados também estão em desordem emocional e mental, muitos deles são oportunistas esperando a chance de vampirizar energeticamente os desencarnados desavisados das verdades espirituais. Então, quem haverá de receber despachos ou oferendas largados por ali? Com certeza, não serão os falangeiros dos Orixás nem os exus, mas sim espíritos embusteiros, ditos quiumbas, que se passam pelos trabalhadores do Cristo. Por isso, lembramos sempre que a Umbanda não realiza nenhum tipo de entrega, oferenda ou despacho em cruzamentos e praças urbanas. E também não utiliza o elemento sangue, cuja origem é o sacrifício de animais, presente nos despachos que são largados indevidamente em ruas e avenidas, tendo como finalidade a satisfação dos desejos torpes do médium ou de algum "cliente", como prejudicar alguém ou conseguir algo que não está previsto em sua encarnação; esses indivíduos estão vivendo longe da seara do amor ao próximo, do respeito e da caridade.

O fundamento de uma oferenda, amalá ou preceito encontra-se no estudo constante do médium/dirigente, nos anos de vivência templária, ou seja, na prática de terreiro juntamente com a orientação e o amparo espirituais.

O que é preceito? Como e quando devemos realizar?

Preceito são orientações, formalidades individuais que devem ser adotadas pontualmente a todos da corrente mediúnica dentro da necessidade de cada trabalhador. A indicação da necessidade de um preceito dá-se através de observação e orientação particularizada do dirigente espiritual ao trabalhador em questão. O preceito é um ritual de harmonização do médium com seu Ori, Orixá, Guias e falangeiros que acontece em dia pré-estipulado e exige do médium um preparo mental/emocional, inclusive restrições alimentares que deverão anteceder ao rito. Alguns deles são a não alimentação carnívora, a abstinência de bebidas alcoólicas e de relações sexuais, evitar conflitos e discussões, cultivar a meditação. A função principal do preceito é manter equilibrado o fluxo de axé que transita pelos corpos mediadores e pelos chacras do médium em consonância com a sua coroa mediúnica.

O que é amalá?

Amalá é um conjunto de elementos oferecido ao Orixá na forma de comida. Cada elemento utilizado tem similaridade com a vibração do Orixá ao qual estamos ofertando o amalá.

Qual a finalidade ou objetivo de um amalá?

A finalidade do amalá é formar um potente campo de força. Numa linguagem mais corriqueira e simplista, entre os umbandistas, diz-se que o amalá é comida para o Orixá ou comida de axé, lembrando que nem o Orixá nem os Guias, Protetores e Falangeiros necessitam da comida dos encarnados para sua alimentação. Os elementos são preparados compondo a comida, cuja contraparte etérica será absorvida e direcionada para diversos fins em benefício ao próximo.

Esse poderoso campo de força se forma a partir da vibração dos elementos, que são símiles ao do Orixá ofertado, juntamente com a vibração do filho de fé. A vibração do médium se unirá no momento do preparo e cozimento dos elementos formando a comida. São vibrações vindas de pensamentos de amor, gratidão e súplica que estarão impressas na oferenda dependendo do objetivo do amalá. Após o preparo, o amalá será disposto numa gamela de madeira e oferecido ao Orixá em questão. O campo de força se completa no momento em que se acende uma vela que será direcionada ao Orixá, fixando o pensamento no objetivo proposto no amalá. Um momento sublime: Orixá e médium ligados a uma única vibração, sendo que o medianeiro receberá um quantum de energia necessário para seu equilíbrio. Potencializando esse ato, se farão presentes os falangeiros do Orixá que se utilizarão da vibração que se desprende da contraparte etérica do amalá, fazendo a ponte que liga o Aiyê ao Orun, levando os desejos ao Orixá.

A Umbanda adota, em seus rituais, sacrifício de animais?

A Umbanda não realiza, em qualquer hipótese, o sacrifício de animais, nem utiliza quaisquer elementos destes em ritos, oferendas ou trabalhos.

A Umbanda faz trabalhos de amarração?

A Umbanda está a serviço da Lei Divina e só visa ao Bem. Qualquer ação que não respeite o livre-arbítrio das criaturas, que implique em malefício ou prejuízo de alguém, ou se utilize de magia negativa, não é Umbanda.

Evangelho no lar poderá ser aplicado para quem é umbandista?

Evangelho no lar é o momento em que dedicamos alguns minutos para alimentar nosso lado espiritual. Podemos ler um trecho do *Evangelho Segundo o Espiritismo*, a *Bíblia* ou outro livro com texto edificante sempre no mesmo dia e hora e que deverá ser repetido semanalmente. Esse momento fraterno com a família não é de propriedade da Doutrina Espírita, todos podem realizá-lo; assim, levaremos Jesus para dentro dos nossos lares.

ORIXÁS

O que são Orixás?

Orixá é a união de duas palavras, *Ori* (cabeça) e *Xá* (rei), e significa "a divindade que habita a cabeça". Numa definição mais ampla, Orixás são aspectos vibracionais diferenciados de Deus, ou seja, são emanações do Pai que se irradiam para todo o Universo ou planos existenciais, criando, sustentando e amparando todas as criaturas.

Quantos Orixás a Umbanda cultua?

O número de Orixás varia de terreiro para terreiro, podendo ser sete, nove ou mais Orixás.

Quais são os Orixás cultuados na Umbanda?

Os Orixás cultuados na maioria dos terreiros são: Oxalá, Iemanjá, Xangô, Oxum, Iansã, Oxossi, Ogum, Omulu ou Obaluaiê, Nanã Buruquê, Tempo, Egunitá, Obá, Ossanha, Oxumarê, entre outros.

Quem é Oxalá?

Oxalá é o Orixá do manto branco. É o Senhor da paz, da serenidade e da fé. Seus atributos são fortaleza e paciência. Estabelece a ligação com a espiritualidade e nos leva ao despertar da fé, à compreensão do "religare" com o Cristo interno. Possui duas formas de apresentação: OXAGUIÃ, jovem guerreiro, normalmente representado empunhando uma espada, simbolizando seu aspecto ativo. Sua atuação se dá em todos os momentos em que necessitamos modificar algo com base em nossa criatividade, iniciativa ou liderança pessoal e não com enfrentamentos e embates, como seria com Ogum. Sua outra forma, OXALUFÃ, é um velho, estável, apaziguador e sereno. Sua principal função é gerar a Paz e a concordância nas mais diversas situações. Irradia grande capacidade de análise e potencializa habilidades de liderança positiva, apresentando-se apoiado num bastão de prata (Opaxoró). Oxalá é alheio a toda violência, disputa e brigas, gosta de ordem, limpeza e pureza. Sua cor é o branco. Vibra na atmosfera e no céu e sua saudação é "Êpa e Babá" – exclamação de surpresa, grande admiração pela honrosa presença do Pai. É sincretizado com Jesus Cristo e seu dia da semana é sexta-feira.

Quem é Iemanjá?
Iemanjá é a grande mãe, a Rainha do mar. Seu reino são as águas salgadas dos mares e oceanos que abrigam uma complexa flora e fauna, vivendo todos os seres em harmonia. Por isso, Iemanjá representa a fonte da vida, a abundância, a vida em grupo, a união. É ela quem recebe os filhos no momento do nascimento, amparando-os com amor maternal, educando e criando-os para serem cidadãos do mundo, deixando-os livres para seguirem o seu

caminho, sem apego. Os atributos principais desta yabá são respeito e amor. Seu enfeite é o abebé (leque). Seu dia da semana é o sábado, suas cores são branco, prateado e azul. A saudação é "Odoyá, salve amada Senhora das águas".

Quem é Xangô?

Xangô, Orixá da Justiça Divina, da lei de causa e efeito – lei esta que ensina seus filhos a ter responsabilidade por cada ato e, obrigatoriamente, viver suas consequências, sejam elas harmoniosas e felizes ou de sofrimento, mas sempre levando à evolução (equilíbrio cármico). As palavras-chaves de Xangô são: sabedoria, prudência, honestidade, ponderação, igualdade e justiça. Sua força está concentrada nas formações rochosas cristalinas, nos maciços, nos terrenos rochosos à flor da terra e na coesão de suas moléculas. Sua função faz de Xangô uma energia íntegra, indivisível e inflexível. Suas cores são marrom e branco, e quarta-feira é o seu dia. Sua saudação é: "Kaô, Kabiesilê! Permita-nos olhar para Vossa Alteza!". Ou, ainda: "Venham admirar o Rei!". Traz consigo uma machadinha com dois cortes, simbolizando a equidade nos julgamentos.

Quem é Oxossi?

Oxossi é a energia do conhecimento, é quem nos induz a procurar certas respostas que nos incomodam: de onde viemos, para onde iremos e qual a finalidade, enfim, o verdadeiro objetivo da vida. Oxossi expande as faculdades dos seres, aguça o raciocínio e estimula a mente na busca incessante de nossa origem. É aquele que desperta em nós o desejo de estar em sintonia com o Criador, sem fanatismo ou emotividade, mas com conhecimento e fé. É o caçador das almas, o conselheiro. Quando Oxossi atira sua flecha, não pode errar o alvo, por ter apenas um dardo. Para que seu tiro seja certeiro, ele analisa a situação antes de atirar, sorrateiramente e com astúcia, próprio de quem está acostumado ao jogo da caça e do caçador; mira e acerta justamente naquilo ou naquele que está escondido, não querendo aparecer. A curiosidade, a perspicácia e o olhar de observador de grande penetração são qualidades próprias deste Orixá. Oxossi corresponde à nossa necessidade de saúde, nutrição, energia vital e equilíbrio fisiológico, num trabalho constante de crescimento e renovação. Fartura, riqueza e liberdade de expressão são seus pontos marcantes. Considerado, também, o provedor do sustento da família ou do clã, promove mudanças ou deslocamentos necessários para que a alimentação não falte ao grupo.

Sua insígnia é o arco e a flecha, pronto para "caçar" as almas que estão perdidas e longe do Pai, e seu reino são as matas com sua flora e fauna. Seu dia da semana é quinta-feira, suas cores são verde e azul, e sua saudação é: "Okê aro! O rei que fala mais alto, o Grande caçador".

Quem é Ogum?

Quando falamos da vibração de Ogum, lembramos a figura do guerreiro. Orixá das energias ligadas a atitude, perseverança, persistência, tenacidade e renascimento (no sentido de capacidade de se reerguer). O destemido é aquele que avança sem medo sobre o desconhecido, assim é Ogum. É, também, aquele que abre os caminhos para que os demais possam trilhá-los, sem preocupações ou receios. É o passo inicial que precisamos dar em qualquer demanda ou projeto, é a vontade e a vitória (caminhos abertos).

Ogum é o general da Umbanda, o grande Orixá da Lei e da Ordem, e, amparado pela Lei, nada o detém, pois sua determinação é como ferro. É a força mantenedora da ordem, da justiça, da vida. Senhor dos caminhos e das demandas. Seu símbolo é a espada, instrumento de corte utilizado para abrir trilhas, lembrando-nos de que cortamos e eliminamos aquilo que não queremos. Seu dia é terça-feira, suas cores são azul e verde, e sua saudação é assim: "Patakori Ogum!", ou "Ogunhê! Muita honra em ter o mais importante dignitário do Ser Supremo em minha cabeça!", ou, ainda, "Salve Ogum, Cabeça Coroada".

Quem é Iansã?

Iansã é conhecida como a Senhora dos ventos, das tempestades, dos raios. Sua atuação e influência se devem às suas características voltadas à ação, ao movimento ou necessidade de deslocamento, no plano material, emocional ou mental de um ser (encarnado ou desencarnado) ou comunidade. Luta contra as injustiças e dilui os acúmulos emocionais.

É um Orixá com características marcantes de guerreira, sempre no sentido de modificar ou movimentar situações de vida. Iansã é energia da ação renovadora, oxigenação de situações e pensamentos, desperta os seres ou cria situações para renovação interna ou externa. Um exemplo é o vendaval que a tudo destrói, mudando totalmente a paisagem, modificando padrões de condutas egoísticas dos habitantes, despertando-os para o auxílio ao próximo, além de higienizar a contraparte etérica da localidade.

Iansã – Senhora dos eguns (espíritos dos mortos) – atrai sob seu raio aqueles que estão em desequilíbrio com a Lei, vivendo perdidos, longe do Pai, retendo-os para que possam esgotar as energias negativas e, assim, dar continuidade a sua caminhada, seja numa nova encarnação ou em comunidades benfeitoras no plano astral.

Se absorvermos demais a energia de Iansã, podemos ficar mais emotivos e aéreos; ao contrário, se estivermos vibrando pouco neste Orixá, tornamo-nos densos, com formas-pensamentos em nosso campo energético, deixando-nos bitolados.

Também conhecida como Oyá, tendo como símbolos o raio (a Justiça em ação) e a espada (instrumento da lei que zela, protege e ampara a todos). Sua saudação é: "Eparrey Oyá! Salve a mãe dos nove espaços de Orun".

Quem é Oxum?

Oxum é a força dos rios que corre sempre adiante, levando e distribuindo suas águas a todos, sem distinção. É a Mãe da água doce, Rainha das cachoeiras, Orixá da candura e da meiguice. Seu axé maior, a fertilidade, tem muito a ver com o local de seus domínios, os rios e as cachoeiras, de onde o fluxo das águas traz a fertilidade para as terras ao seu redor.

Assim como suas águas são doces, da mesma forma este axé suavizará corações e sentimentos, tornando-se regente de todos os amores. A cachoeira é imprevisível quanto a sua força na cheia, levando tudo que está no caminho, sendo difícil ou impossível conter suas águas. São estas as características de Oxum – artimanha e astúcia feminina – para obter o que deseja usando de todos os artifícios.

Oxum é o amor, o casamento, o ventre, a fecundidade e as crianças. Sua vibração faz com que seus filhos tenham uma facilidade de percepção das dores da alma das pessoas, tornando-se psicólogos natos. Corresponde a nossa necessidade de equilíbrio emocional, isto é, choramos, desaguamos os sentimentos que nos incomodam. Nossos olhos são as cachoeiras de Oxum.

Ela é a mãe que cuida do feto durante todo o seu desenvolvimento, entregando-o a Iemanjá na hora do nascimento para cumprir sua missão na vida. O amor-doação de Oxum é aquele que faz a caridade ao próximo, que agasalha, alimenta e reconforta.

De menina-moça faceira, passando pela mulher irresistível até a senhora protetora, Oxum é sempre dona de uma personalidade forte, que não aceita ser relegada ao segundo plano, sendo percebida em todas as circunstâncias da vida. Oxum é a beleza, o amor – é a capacidade de sentir amor. É com base nesse sentimento que as agregações surgem, consequentemente originando a concepção das coisas. Ela é o elo que faz a aproximação de seres sob uma mesma crença; é a união de duas pessoas com o mesmo sentimento, e juntas darão início à concepção de uma nova vida; é quem agrega os bens materiais que tornam um ser rico, portanto, é conhecida como Orixá da Riqueza, Senhora do Ouro e das Pedras Preciosas. Sábado é o seu dia, amarelo a sua cor e o leque com espelho (Abebé) o seu símbolo. Sua saudação: "Ora iê, iê, ô! Salve a Senhora da bondade", ou, ainda, "Salve mãezinha benevolente".

Quem é Omulu?
Omulu é a transformação, a necessidade de compreensão do carma, da regeneração e evolução. Representa o desconhecido e a morte; a terra para qual voltam todos os corpos; a terra que não guarda apenas os componentes da vida, mas também o ciclo da vida, a transmutação. Omulu conhece a dor presente em todo tipo de mudança, o desapego e a libertação do ego, processos necessários na vida para que tenhamos a compreensão de que somos espírito imortal e livre. A morte e a transformação não só no aspecto físico, mas a morte dos hábitos insalubres, vícios ou tendências que nos prejudicam, estagnando a caminhada evolutiva por medo de mudar, medo do novo ou de conhecer a si mesmo.

É conhecido pelo nome de Omulu, mas também por Obaluaiê, sendo o mesmo Orixá. A diferença de nomes está na forma de se manifestar: Omulu, o velho, de caminhar lento, apoiado em um cajado, é aquele que corta o cordão de prata no momento do desencarne. Obaluaiê, de forma mais jovem, simboliza o novo que desponta após uma transformação ou mudança, é aquele que faz a união do corpo físico ao perispírito, através do cordão de prata, numa nova encarnação ou renascimento no plano físico.

Na Umbanda, as entidades que militam sob essa bandeira são grandes conhecedoras dos caminhos ocultos da magia e da cura dos corpos físicos e espirituais. Regente e Senhor do carma, é o responsável pelo planejamento dos corpos físicos que o espírito deverá ter nas encarnações, de acordo com a saúde e/ou doenças que vivenciará no mundo físico, com a finalidade de escoar os débitos, levando-o à evolução espiritual.

Este Orixá se apresenta todo coberto de palha, tanto na forma de velho (Omulu) quanto na de jovem (Obaluaiê), trazendo seu xaxará, espécie de vassoura feita de nervuras de folhas de palmeira, decorada com búzios, contas e pequenas cabaças penduradas, contendo remédios para o alívio de diversos males.

Saudamos Omulu assim: "Atotô" ("Silêncio! Ele está aqui!") ou "Atotô Obaluaiê!" ("Silêncio para o grande Rei da Terra"). Seu dia da semana é segunda-feira, e suas cores são branco, preto e vermelho.

Quem é Nanã Buruquê?

Nanã representa a passividade, a calma e a misericórdia. Orixá da sabedoria – condição de quem muito já trabalhou e se dedicou a momentos de recolhimento, prestando-se a aconselhar os que estão na ativa, mostrando e ensinando os atalhos ou caminhos da vida. É a Senhora do plano Astral ou da passagem desta vida (física) para a outra (espiritual), comandando o portal mágico, a passagem de planos. Para sairmos ou entrarmos no plano Astral, precisamos de sua permissão. Quando um espírito recebe autorização ou determinação para reencarnar, são os falangeiros de Nanã que atuam, preparando os corpos energéticos para o acoplamento no corpo físico, adormecendo-o, deixando para Obaluaiê a ligação dos fios da vida entre o espírito e o corpo físico. Nanã é o início e o fim, pois é ela quem reconduz os espíritos desencarnados ao mundo espiritual, aconchegando-os em seus braços.

Nanã é o momento inicial em que a água brota na terra ou na pedra; é a lama, o lodo e o pântano; é a água parada onde folhas e galhos se decompõem; é a chuva. É a vovó, boa, querida, carinhosa, compreensível e sensível. É a calma e a paciência, sabendo que todos os espíritos têm um tempo certo para a maturação espiritual.

Seu dia da semana é o sábado, seu símbolo é o ibiri – cetro que carrega no colo, feito de palitos do dendezeiro, que representa a multidão de Eguns (espírito de mortos), que são seus filhos na terra dos homens. Nanã carrega o ibiri como se mimasse uma criança, pois é dessa maneira que ampara e acolhe os espíritos após o desencarne. Sua cor é o lilás, podendo chegar a tons de azul-escuro e ao roxo. Sua saudação é: "Saluba Nanã! Refugiaremos-nos da morte com Nanã".

O que é Otá?

Otá ou okutá é a pedra consagrada para o Orixá. Não poderá ser qualquer pedra, e sim aquela que possui uma similaridade com a vibração do Orixá, podendo ser de rio ou de outro lugar da natureza. Através de um ritual de consagração, é fixada a força do Orixá e a contraparte etérica/astral da pedra fará a ligação entre os planos físico e espiritual, cuja função será imantar e ampliar o axé de cada Orixá no abassá – terreiro. Os otás ficam dispostos no congá, dentro de um copo com água.

Pode acontecer uma disputa pela cabeça do médium?

Liderando a caminhada mediúnica de um médium está o mentor ou guia – falangeiros dos Orixás –, que são espíritos preparados na tarefa umbandista. Esses espíritos/guias são escolhidos antes de o médium encarnar, possuindo ligações afetivas pretéritas e com a responsabilidade de direcionar, intuir e orientar seu pupilo na caridade. São espíritos com grande entendimento das leis divinas, agindo com ética e moral e ensinando seu médium a percorrer o mesmo caminho evolutivo. Então, não há disputa pela cabeça ou Ori do médium, pois os guias e mentores vêm com esse compromisso predeterminado. O que poderá acontecer é o medianeiro estar desequilibrado e haver briga entre obsessores ou kiumbas pela posse do indivíduo.

O que são Orixás de cabeça?

Orixás de cabeça são vibrações de determinados Orixás que influenciam na encarnação presente do indivíduo. O termo correto para designar o conjunto dessas vibrações é Eledá. Forma-se o Eledá: o Orixá de frente, o Orixá adjunto ou adjuntó, que vibra na nuca, o Orixá do lado direito e o do lado esquerdo. Sabemos quais os Orixás que constituem nosso Eledá através do jogo de Merindilogun ou jogo de búzios.

Como posso saber de qual Orixá sou filho?

Você poderá descobrir de qual Orixá é filho através da observação na prática mediúnica, do jogo de Merindilogun ou jogo de búzios, ou através do próprio Guia.

É possível alguém não conseguir incorporar porque está havendo uma "briga" entre os Orixás para ver quem tomará posse dele?

A pretensa "briga de Orixás" é mais uma das grandes confusões que geram graves distorções entre o corpo mediúnico de um terreiro. Não é raro que determinada pessoa vá pela primeira vez a um terreiro e, seguindo orientação de uma "entidade incorporada", já na sessão seguinte, participe dos trabalhos mediúnicos. Na maioria desses casos, a pessoa não é médium, então "o pai de santo" faz de tudo para colocar na cabeça dela um "Orixá" que, é claro, não existe. Surgem, então, as dificuldades para "incorporar" aquilo que ele não tem. Depois vem a desculpa de que os "Orixás" estão brigando pela "valiosa" cabeça do filho. O "pai de santo" determina que sejam feitas obrigações com comidas e sangue, boris e outras sandices que vão carrear larvas astrais, provocando problemas de saúde e desestruturando a vida da pessoa.

Existe também a incongruente "disputa" entre "Orixás", e dizem que os "xangôs" não baixam no reino quando "Ogum" está e vice-versa. Na verdade, a briga é dos médiuns, que deixam seu inconsciente aflorar de forma desordenada e põem para fora as diferenças com outros membros da corrente mediúnica.

Por tudo que o leitor já viu, fica fácil entender que essas confusões são completamente alheias à verdadeira Umbanda. Nem todos são médiuns, tampouco podemos classificar qualquer terreiro como de Umbanda, como afirma Diamantino F. Trindade no livro *Umbanda, um Ensaio de Ecletismo*.

O que significa axé?

Axé significa a grande energia benfazeja que movimenta e anima tudo no Universo. É o princípio vital, a magia do Criador, é o fluido cósmico universal. Sem axé, nada existiria e, por meio dele, tudo se interliga e se harmoniza. O axé a tudo vivifica, desde as plantas e os animais até nós, humanos. Na Umbanda, o axé é dinamizado através de elementos condensadores como as ervas, as frutas, os cristais, a água e as flores, entre outros. A sustentação desse axé se dá pela mediunidade, onde Guias e falangeiros se utilizam do ectoplasma (axé animal) que se cria e se desprende do médium pelos chacras, a fim de realizar a caridade.

O que é "bolar" no santo?

"Bolar" no santo é um desfalecimento, um desmaio ou perda de consciência provocada por um transe mediúnico intenso. Quando acontece em visitantes do terreiro, no momento do passe, trata-se de um desequilíbrio físico/ energético ou má educação mediúnica do indivíduo, levando-o a um desdobramento completo. Esse desdobramento abrupto é arquitetado pela espiritualidade maior dentro da necessidade do momento consciencial do consulente, podendo ser uma interferência de um processo de obsessão ferrenho, em que ambos, encarnado e desencarnado, são esclarecidos, doutrinados no plano astral e, assim, separados energicamente, tendo a oportunidade de retomarem a caminhada evolutiva que estava estagnada. Quando é um médium/trabalhador que "bola" no santo ou perde momentaneamente a consciência no terreiro, o dirigente deverá analisar caso a caso, pois para cada um haverá uma explicação única. A inconsciência do médium poderá ser para uma ação curativa em seus corpos etérico/astral, ou, então, o desdobramento é para mostrar algum desenlace de um fato ou para organizar, harmonizar energeticamente a rotação dos corpos do medianeiro com a vibração da entidade que se apresenta. Ocorre, não muito frequente, de um exu desdobrar completamente o médium e este, em corpo astral, acompanhar essas entidades em algum socorro de emergência no Umbral inferior. O médium em questão será uma usina de ectoplasma necessário para a realização da tarefa. Lembramos que o processo de perda da consciência que ocorre na Umbanda sob a direção da Espiritualidade Maior é diferente do que ocorre no Candomblé.

Bolar no santo, conforme explicação de José Beniste, no livro *As Águas de Oxalá*, é a primeira manifestação de um Orixá numa pessoa e ocorre geralmente de uma forma bruta e sem qualquer previsão. Pode acontecer durante uma festa, ao se cantar para um determinado Orixá; a pessoa é vítima de tremores e sobressaltos, caindo no chão inconsciente. Esse momento é visto como um apelo do Orixá à iniciação.

O que significa Oyá?

Oyá ou Oiá vem do yorubá, significando Deusa do rio Níger. O Níger é o terceiro rio mais longo da África e o principal da África Ocidental. Como um raio que corta os céus, o rio Níger atravessa o continente africano como se o rasgasse ao meio. Por esse motivo, Oyá é a designação de Iansã.

O que é Iabá?

Iabá, Yabá ou Iyabá, cujo significado é "Mãe Rainha", é o termo dado aos Orixás femininos Iemanjá e Oxum, mas no Brasil esse termo é utilizado para definir todos os Orixás femininos, em vez do termo Obirinxá (Orixá feminino), que seria o mais correto.

O que são assentamentos?

Assentamento vibratório é um centro ou ponto de força de influência magnética. Um assentamento poderá ser fixado através de elementos (imagens, pedra, água, ervas, metais) devidamente consagrados e ritualizados. O objetivo dos assentamentos é concentrar, potencializar e dinamizar determinadas vibrações dos duplos etéricos dos elementos que estão arrumados e dispostos harmonicamente. Esses elementos e suas cópias etéricas formarão potentes campos de força que funcionarão como verdadeiros portais de ligação/comunicação vibratória entre os planos físico e espiritual, que os falangeiros, Guias e espíritos afins da Umbanda e dos Orixás utilizarão para se aproximar do terreiro e se apoiar no espaço sagrado, mantendo seu rebaixamento vibratório e se fazendo sentir pelos medianeiros no processo da mecânica de incorporação. Como exemplo de assentamentos vibratórios, temos: o congá (altar), as firmezas e tronqueiras e o Cruzeiro das Almas.

FALANGEIROS E LINHAS

O que são falangeiros?

Falangeiros são espíritos que trabalham ou atuam sob a vibração dos Orixá ou ordem de trabalho, levando seu nome. Orixá na Umbanda não incorpora, quem incorpora são seus representantes diretos, compostos por uma legião de espíritos que possuem a outorga do Orixá, se fazendo presentes em todos os terreiros de Umbanda. Cada falange recebe o nome de seu chefe ou Orixá e cada espírito dessa falange atende por esse mesmo nome. Por isso, encontramos, por exemplo, Ogum Beira-Mar manifestado em inúmeros terreiros num mesmo momento.

O que é Linha de Umbanda?

Linha de Umbanda é o nome dado a uma frente de trabalho específica, que reúne uma quantidade variável de espíritos que estão sob a irradiação de um ou mais Orixás. Após o surgimento da Umbanda (1908), identificaram-se algumas linhas que levaram os mesmos nomes dos Orixás. Muito se fala em sete linhas, mas somos da opinião de que são mais do que isso. Como exemplo, temos as linhas de Oxalá, do Povo das Águas, de Xangô, de Oxossi, de Ogum, dos Ibejis ou Crianças. Mas, com o passar do tempo e dentro da necessidade que a caridade impõe, foram-se agregando à Umbanda outras frentes de trabalho com outras denominações, como: linha dos Ciganos, das Santas Almas do Cruzeiro Divino, Marinheiros, Boiadeiros, Malandro, Baianos, e muitas outras ainda irão surgir, pois a Umbanda é uma religião de inclusão, dando oportunidade a todos aqueles que desejam realizar a caridade.

Qual a necessidade do fumo e da cachaça na Umbanda? As entidades espirituais fumam e bebem?

Muitos consulentes, quando chegam ao terreiro, em busca de ajuda e orientação, estão impregnados de energias densas, como formas-pensamentos, miasmas, larvas astrais, fluidos deletérios, criados e atraídos pelo quadro psíquico-mental desequilibrado de cada indivíduo. Para poder realizar a limpeza energética, os pretos velhos e caboclos se utilizam das baforadas realizadas pelo médium incorporado, que são golfadas de fumaças dos charutos ou cachimbos. O fumo é composto de folhas e ervas comprimidas e trituradas, no caso do cachimbo. Essas ervas acumulam, desde a germinação até a colheita, energias magnéticas oriundas do solo, do sol, da lua, da chuva, além do prana e dos minerais e outras substâncias extraídas do solo, devidamente processados pela planta. Assim, a entidade, ao direcionar as baforadas ao redor do consulente, estará liberando os princípios ativos do fumo e, tal qual uma defumação, desagregará as energias densas grudadas no perispírito do indivíduo ou no ambiente, descarregando-as. Claro que a fumaça é puxada e conservada na boca do médium e manipulada com maestria pelo

Guia, não havendo a tragada por parte do médium, e, ao terminar o trabalho caritativo, a entidade benfeitora retira todo elemento que porventura possa prejudicar a saúde do medianeiro.

Quanto ao marafo (cachaça), não há necessidade de ingestão por parte do médium, mas seu uso externo se faz presente, porque o álcool volatiza-se rapidamente, servindo como condensador energético para desintegrar miasmas pesados que ficaram impregnados nas auras dos consulentes, além de agir como elemento volátil de assepsia do ambiente. Colocam-se, no espaço sagrado do terreiro, coités (cuias ou cabaças) com marafo para que possam ser devidamente manipulados pelas entidades de Umbanda.

Qual a diferença entre Guias e Protetores?

Guia é aquele espírito de grande sabedoria que possui uma ligação muito forte com o médium; geralmente estiveram juntos em várias encarnações pretéritas e, nesta encarnação, vem com a missão de "guiar", isto é, conduzir seu pupilo no caminho das bem-aventuranças. Protetores são aqueles espíritos que formam a "banda" do médium, unidos no trabalho caritativo, formando uma parceria médium/entidade, um completando o talento do outro, para que a caridade se realize e ambos aprendam e cresçam espiritualmente.

Por que os pretos velhos falam errado?

Os espíritos que se apresentam na forma de preto velho são de uma sabedoria ímpar. Além de serem conhecedores das mazelas humanas, possuem o talento de estabelecer um diálogo profundo em diversos assuntos, bem como, também, falar em vários idiomas.

Como espíritos iluminados, em sua profunda humildade, rebaixam seu padrão vibratório para se fazerem percebidos e manifestados no médium e, assim, orientar as pessoas que chegam ao terreiro, em seus diferentes graus de compreensão e estudo. Para não se colocarem acima de qualquer um ou se sentirem mais inteligentes, esses espíritos se colocam abaixo dos consulentes, sentados no toco ou banquinho, utilizando de um linguajar tosco, pronunciando palavras erradas, e assim orientam e amparam sem julgamentos e com muita amorosidade o consulente sofrido que está sentado à sua frente. Esses mesmos espíritos já tropeçaram muitas vezes em tempos passados, deixando manchas em sua história como seres eternos, mostrando muita soberba e orgulho e realizando a magia nefasta como conhecedores dos caminhos ocultos, mas hoje preferem o banquinho e o palavreado errado para, assim como Jesus, se fazerem pequenos frente a todos os filhos de fé. Deixam-nos seu exemplo de humildade e sabedoria conquistado ao longo de inúmeras encarnações, lembrando a si mesmos e a nós, encarnados, que é muito fácil a queda de um espírito.

Porque os pretos velhos usam como sobrenome Congo, Angola ou Guiné?

Os pretos velhos representam, dentro da formação do triângulo fluídico, a raça negra. E como nos conta a história, o desenvolvimento do Brasil deu-se com base na mão de obra escrava, a princípio com os índios e depois com os negros vindos da África (1530 a 1888). Foi uma época marcada por dores, tristezas, sofrimentos e lamentações. Muitos desencarnaram com ódio no coração e apenas uma pequena parcela de negros conseguiu transmutar suas dores perante a Lei Divina, fazendo a passagem para o plano espiritual com mais leveza perispiritual. Hoje, esses espíritos retornam ao palco físico, através da mecânica de incorporação nos médiuns umbandistas, para ajudar os irmãos encarnados e desencarnados utilizando o conhecimento da magia, das ervas e mandingas. Identificam-se, nos terreiros, simplesmente como Maria, João, José, Joaquim, Antônio, Maria Benta, trazendo consigo o nome de uma região da Mãe África, reverenciando a sua ancestralidade e o solo amado, seja do Congo, Angola, Guiné ou Kenguélé.

Um dirigente umbandista pode prender as entidades/Guias que trabalham com o médium se ele sair da casa?

O espírito é livre, assim como o vento, sopra onde quer. Essa frase serve tanto para os espíritos encarnados, que possuem o livre-arbítrio de trabalhar onde quiserem, como para os desencarnados. Nenhum dirigente tem o poder de "prender" as entidades que têm compromisso de tarefa com o médium. O espírito é como o vento: não vemos, mas sentimos. Podemos prender o vento ou espírito em um quarto a nosso bel-prazer? Muitos dirigentes, seja por falta de estudo ou por insegurança de perder trabalhadores, se utilizam da ameaça, implantando o medo em seus médiuns, que ignoram as leis divinas, para ter a "garantia" de poder como chefes de terreiro.

Sou obrigado a "fazer o santo"?

O ritual de "Feitura de Santo" é próprio do Candomblé, não existindo na Umbanda. Para os umbandistas, existem preceitos, como fortalecimento energético/mediúnico nas vibrações dos Orixás, que compõem a sua coroa mediúnica e, dentro da necessidade do médium, com a devida solicitação e amparo do dirigente espiritual. O conhecimento dos Orixás Regentes se dá através do Merindilogun ou jogo de búzios, aconselhando a realização de preceito para o fortalecimento do tônus mediúnico, sendo que o reconhecimento das entidades que irão trabalhar com o médium acontecerá com o tempo e o desenvolvimento mediúnico.

Qual o fundamento de comer balas dos ibejis e melaço com farofa doce de preto velho em uma engira?

Na Umbanda, a magia se faz através dos elementos. Quando o médium manifestado nas entidades, sejam elas caboclos, pretos velhos ou crianças (ibejis), manipular balas, farofa com melado, óleo de dendê, uma espada de São Jorge, um ramo de arruda ou outro elemento, estará trabalhando energias benfazejas e curativas dentro da necessidade do momento ou da pessoa. Muitas vezes, algo que nos parece sem valor ou infantil tem alguma importância no lado oculto que não temos olhos para ver, nem conhecimento para entender.

Algumas entidades trabalham com o médium "X" e não com o médium "Y". Por que essas entidades escolheram o médium "X" e não o "Y"?

Antes de o médium reencarnar, é realizado um planejamento e um preparo energético nos chacras para que ele venha a ser um trabalhador da seara umbandista. Dentro desse planejamento, em que serão fixadas as vibrações dos Orixás de Frente e Adjunto, estará sendo organizada a "sua" banda. Entidades afins, com histórias de vidas em comum com o medianeiro, formarão a frente na caridade. Mas nem todas se apresentarão imediatamente para o médium, pois serão necessárias a educação e a disponibilidade mediúnica, a constante reforma íntima e a persistência na caridade, e assim, com o tempo, os espíritos benfazejos afins se aproximarão do aparelho para que ambos, encarnado e desencarnado, possam cumprir com o compromisso assumido antes de nascer.

As entidades mudam a categoria de trabalho como se fosse uma promoção? Um exu pode, com o tempo, ser um caboclo ou preto velho?

Nós temos o costume de avaliar as situações conforme nossos hábitos e conceitos, ou seja, rotulamos e enquadramos tudo dentro de nossa vivência e opinião. Os espíritos que labutam na Umbanda trabalham dentro do respeito, do amor ao próximo e da disciplina, diferentemente da maioria dos encarnados. Há uma organização em que cada um sabe o que deve ser realizado com muito companheirismo e parceria. Todo talento é aproveitado para o bem comum. As manifestações de caboclo, preto velho e outros são apenas formas de apresentação que os espíritos utilizam para alcançar o propósito de auxílio ao próximo nos diversos planos espirituais, aproveitando, para isso, o conhecimento adquirido na caminhada existencial de cada um, sem menosprezar este ou aquele.

Existe uma classificação de entidades mais desenvolvidas?

O princípio básico na Umbanda é a organização, pois cada vez mais se achegam espíritos que se unem a essa bandeira. Para isso, é necessário que os espíritos se agrupem por afinidades de talentos que chamamos de falanges, sempre amparados por um ou mais Orixás. Falangeiros são espíritos anônimos que já têm enraizados em seu ser a ética, a moral e o amor incondicional, entre tantas outras qualidades necessárias para trabalhar na Umbanda, seja como Guia, protetor ou outra nomenclatura usada pelos encarnados. São esses valores que dignificam um espírito, classificando-o em "mais desenvolvido".

Por que o consulente precisa narrar o que está acontecendo com ele no momento das consultas? As entidades não sabem tudo?

Por estarem em planos existenciais mais sutis, as entidades de Umbanda podem visualizar o que se passa no íntimo dos encarnados, assim como a maneira pela qual se darão os acontecimentos. Mesmo tendo essas percepções, a entidade se utiliza da narrativa do consulente para que ele possa aliviar seu coração e sua mente das aflições. Quando o consulente se utiliza do livre-arbítrio do verbo, ou seja, falar, desabafar e até chorar na frente da entidade, estará dando o aval e a espiritualidade se movimentará, trabalhando as energias densas que o desequilibraram, recolhendo espíritos menos esclarecidos que estão no seu campo energético para, assim, aliviar o quadro e a pessoa, então, possa perceber outros caminhos que a levarão à solução do problema, ou pelo menos para amenizar a situação que ora se encontra.

Quando o consulente se cala, mesmo quando a entidade pergunta como ele está, ficando com seu "corpo fechado", pouca coisa poderá ser realizada pela espiritualidade.

Os Guias podem prever o futuro?

Os Guias podem, dentro do modo de vida do consulente, vislumbrar alguns percalços no caminho, assim como qualquer pessoa que estiver no alto de um prédio de quinze andares poderá perceber a paisagem e os entrecaminhos que o caminhante ainda não viu e não percorreu. Mas as entidades de Umbanda não se utilizam dessa ferramenta, pois, se assim o fizessem, não haveria mudança interior do encarnado e os erros de caráter continuariam a ser praticados sem a mínima vontade de modificação. As orientações transmitidas por esses espíritos abnegados são setas que indicam o melhor caminho a ser percorrido, deixando ao consulente a livre escolha no modo de agir e a obrigatoriedade da vivência dos resultados de seus atos, sejam eles bons ou ruins, sempre com o objetivo de crescimento espiritual.

Muitos pontos cantados falam de Aruanda. O que significa Aruanda?

Aruanda é uma comunidade ou colônia situada no Astral Superior que fornece amparo aos trabalhos de resgate e cura dos seres que se encontram nos planos físico e Astral Inferior. Semelhante ao "Nosso Lar" dos espíritas, Aruanda tem escolas, departamentos em diversas áreas científicas, locais para refazimento energético de seus obreiros, auditórios para palestras etc., sendo cercada por uma natureza exuberante, com cascatas, matas de onde são retiradas as energias curativas das plantas, rios com águas cristalinas, abrigando uma fauna com grande multiplicidade de espécies, tudo em total equilíbrio e harmonia. É em Aruanda que vivem os pretos velhos, vovós e vovôs, espíritos que se apresentam dessa forma nos inúmeros terreiros umbandistas por este Brasil afora. Muitos pontos cantados falam que os pretos velhos "vêm lá de Aruanda" para trabalhar, sendo esta a morada dessas amorosas entidades.

MEDIUNIDADE DE TERREIRO

O que é mediunidade?
Mediunidade é a capacidade de perceber as energias extrafísicas. Essa percepção do mundo oculto, dependendo da intensidade, poderá ser um canal de comunicação entre os mundos dos encarnados e desencarnados. Existem pessoas que sentem apenas um arrepio; outras veem (clarividência), escutam (clariaudiência), sentem cheiros, escrevem temas ou histórias induzidas por outra mente (psicografia); outras são intuitivas e muitas vão muito além, cedem seus sentidos e até mesmo seu corpo para que espíritos possam se manifestar, movimentando o corpo – essa mediunidade chamamos de incorporação ou alteração de consciência.

Como saber se estou incorporada?
A mediunidade consciente traz ao médium iniciante a insegurança de incorporar: sou eu ou a entidade que está falando ou gesticulando? Como saber? São momentos em que hesitamos, e isso é normal, pois acontece com a maioria dos iniciantes.

O desenvolvimento da incorporação se dá sem pressa, para que haja pleno reconhecimento da vibração dos Guias e Protetores. Deve-se cultivar, nos minutos que antecedem os trabalhos mediúnicos, a concentração; é preciso aquietar a mente, não deixar que os pensamentos do mundo profano interfiram neste recolhimento mental; fixar os pensamentos no objetivo do momento, ligando-se ao ritual com seus pontos cantados. Aos poucos, sentiremos uma força maior tomando conta do corpo e da mente. É a vibração da entidade que começa a se aproximar do campo energético do médium. Nesse instante, é preciso não racionalizar, deixar a energia fluir, entregar-se de coração à vibração do Guia ou Protetor. Não esquecendo que somos responsáveis pelo movimento corporal e pelo tipo de mensagem que iremos repassar, pois nenhuma entidade de Umbanda fará seu médium passar vergonha por atos ou palavras chulas. Esse processo vai amadurecendo com o tempo, até o ponto de o médium reconhecer a energia da(s) entidade(s).

Poderia elucidar o tema animismo dentro da Umbanda?

O animismo gera dúvidas, medos e inseguranças nos médiuns, principalmente naqueles que estão iniciando na caminhada mediúnica.

Animismo é tudo aquilo que vem do espírito encarnado, sua bagagem de conhecimentos, crenças e vivências adquiridas nesta e em vidas pretéritas, vindo à tona de maneira consciente ou inconsciente, através da mediunidade. Consciente quando o conhecimento e as experiências adquiridos nesta encarnação são utilizados pelo médium espontaneamente no momento da orientação. O médium auxiliará, repassando aquilo que aprendeu e vivenciou; o animismo inconsciente aflora do arquivo milenar do espírito.

A mediunidade e o animismo caminham lado a lado, não há como apagar ou anular a bagagem espiritual do médium nas comunicações mediúnicas, seja ela verbal, escrita ou nos gestos – no caso da incorporação na Umbanda –, lembrando que hoje a mediunidade é consciente.

O animismo acontece quando a entidade/Guia sabe da necessidade de crescermos espiritualmente e, em alguns momentos, durante a orientação ao consulente, poderá se afastar, permitindo que o médium tome a frente dos conselhos.

Como sabemos que a entidade se afastou?

A mente é o ponto principal. Quando estamos sob controle da entidade, não raciocinamos, não dá tempo para pensar o que vamos falar, como se a mente estivesse vazia e as palavras saíssem como um raio. O médium não pensa, mas fala. As orientações repassadas deverão passar pelo senso crítico do próprio médium, que verá que não teria condições de dar aquele conselho.

É diferente quando falamos sobre algo de nosso conhecimento. Às vezes, o afastamento da entidade é tão sutil que dificulta a análise do medianeiro em estar ou não mediunizado.

O que se deve fazer na dúvida entre anímico ou mediúnico?

Confiar na espiritualidade, se entregar ao trabalho de caridade, ter segurança quanto ao potencial mediúnico. Se algo for passado ao consulente com impropriedade, sem nexo ou podendo trazer prejuízo para alguém, com certeza é ação do médium e não da entidade de Umbanda que se apresenta em terreiro cujas diretrizes são amor, caridade e não exigência de pagamento. Se isso acontecer, deve-se avaliar os procedimentos e fazer as mudanças de postura necessárias, passando a ser mais prudente. A espiritualidade atua de forma a deixar o médium tropeçar para aprender a estar alerta a todas as comunicações.

Daí a importância do estudo e do esclarecimento para que a mistificação, o engambelo de espíritos maldosos e brincalhões não encontre terreno fértil, como acontece em muitos lugares que se dizem de Umbanda, mas não condizem com as diretrizes do Caboclo das Sete Encruzilhadas.

Mediunidade consciente é mediunidade de parceria. É o animismo construtivo que entra em ação em prol do outro, dando oportunidade de crescimento espiritual ao médium. É o professor e o aluno, o pai e o filho trabalhando juntos.

O médium incorporado, ao dar uma consulta, se lembrará do que falou ao consulente?

Atualmente, a mediunidade de incorporação se dá com plena ou parcial consciência. Em ambos os casos, o médium lembra apenas alguns momentos das consultas da noite, como os fatos mais marcantes ou aquelas orientações que são válidas para a vida do medianeiro. Mesmo tendo uma breve lembrança do ocorrido, com o passar do tempo, essas memórias costumam desaparecer. Os umbandistas possuem um código de ética: todos os atendimentos caritativos ficam em segredo, em sigilo absoluto, mesmo havendo lembrança de algum caso.

Como consulente, posso incorporar no momento do atendimento?

Ocorre frequentemente nas engiras de Caboclo o consulente/médium, ativo ou não na caridade mediúnica, ficar sensibilizado nos seus chacras e incorporar. Os dirigentes aceitam a incorporação do consulente com maior naturalidade, pois sabem que a pessoa, ao ouvir o toque da curimba ou um ponto cantado, é tocada no fundo da alma. Como o toque e o canto são ondas vibracionais em movimento e essas energias são potencializadas pelos falangeiros dos Orixás, que envolvem a todos que estão no espaço sagrado, os mais sensíveis a essas energias dão "passagem" a espíritos que os acompanham – protetores – ou poderão ter uma manifestação anímica. Lembrando que somos espíritos eternos e que um ribombar de tambores traz para o consciente lembranças de tempos e situações de vidas passadas.

Posso incorporar "meu" preto velho ou caboclo em casa?

Quando trabalhamos mediunizados em um ambiente preparado, amparado e protegido pela espiritualidade benfazeja, tudo o que ocorre é com o aval do Guia/Chefe espiritual. Há uma ordem e disciplina, pois 48 horas antes começa a movimentação das falanges para que os trabalhos ocorram dentro do programado, contando com as surpresas provindas do livre-arbítrio dos consulentes e dos médiuns. Entre essas atividades programadas, podemos citar o recolhimento de espíritos menos esclarecidos; as energias densas de origem magística dos consulentes são computadas, para o devido desmanche que se dará no momento correto; o tipo de engira que irá ocorrer na noite, se de caboclos, pretos velhos ou exu, entre outras linhas; o quarteirão onde se situa o terreiro é guardado e policiado pelos exus e capangueiros; há, portanto, todo um aparato logístico inimaginável para nós, encarnados, para que os trabalhos caritativos mediúnicos possam ser realizados com tranquilidade. Será que teremos toda essa organização quando incorporamos em casa? Será que realmente é o preto velho que se manifesta no terreiro ou é um mistificador fazendo-se passar por ele, para vampirizar a vitalidade animal do médium? Qual o estado emocional e psicológico do medianeiro ao dar passagem em casa? Ele está harmonizado? Qual tipo de vibração e sintonia de desencarnados haverá neste lar, onde os desafetos de ontem vivem juntos nesta encarnação?

 Por essas e outras questões, perceberemos que o lar não é um ambiente salutar para atendimentos mediúnicos particularizados. Esta é a regra de ouro para a segurança do médium: é indispensável o trabalho em grupo em locais consagrados.

Qual o procedimento para o desligamento dos trabalhadores de terreiro em uma corrente de Umbanda?

Devemos ter como regra de vida que, ao sairmos de um grupo de relações humanas, não devemos fechar definitivamente a porta que a vida nos ofereceu quando precisávamos de ajuda.

Não importa o motivo que nos levou a tomar a decisão de afastamento de uma corrente mediúnica, devemos usar sempre o diálogo e comunicar a decisão de desligamento ao dirigente, prevalecendo o bom senso. Agindo dessa maneira, haverá sempre uma porta aberta, pois a vida dá voltas e poderemos precisar do auxílio daqueles que um dia deixamos para trás, sem quaisquer explicações.

Como preparo o Guia/entidade para dar consulta?

O Guia do médium é responsável pela tarefa mediúnica e caritativa e, por ter essa função, presumimos que ele tem mais sabedoria que o encarnado. Se esse fato não fosse verdadeiro, seria "um cego guiando outro cego". Dentro dessa premissa, deduzimos que é o plano espiritual, juntamente com o Guia, que fará o trabalho de preparo para que o medianeiro possa repassar as orientações com a maior exatidão possível. Além da harmonização dos chacras, os espíritos trabalharão a insegurança, o medo, intuirão o médium ao estudo contínuo, e a soma disso tudo trará pleno equilíbrio e segurança ao exercer as tarefas mediúnicas. Lembrando que toda orientação deverá passar pelo crivo da razão.

Por que, em alguns terreiros, há médiuns com muitas guias de diversas cores?

Usar uma ou mais guias depende da tradição ou das normas do terreiro. O número de guias representa a entidade ou Linha que o médium recebe. O colar ou cordão de Santo poderá ser solicitado pela entidade em conformidade com as diretrizes do terreiro ou pelo dirigente – Pai no Santo ou Babalorixá –, informando como será confeccionada, o tipo de peças (sementes, dentes, pedras, porcelana etc.), a cor (ou cores) e quantas contas deverá ter a guia. Ao confeccionar seu cordão de Santo nas cores afins dos Orixás, é necessário ter consciência de quais são as entidades ou Linhas que estão representadas naquelas cores. O que percebemos é que muitos carregam várias guias no pescoço, mas não sabem a sua representação e não perguntam ao dirigente.

Em outros terreiros, o uso é de apenas uma guia, que simboliza a egrégora em que o médium está inserido, dando uniformidade a todos, sem exaltar nenhum médium.

Posso usar as guias das entidades que trabalham comigo no meu dia a dia?

As guias são preparadas ritualisticamente conforme os usos e costumes do terreiro. Há terreiros em que os médiuns confeccionam uma guia para cada entidade ou objetivos a que se destinam, outros utilizam colar de Lágrimas de Nossa Senhora como única guia. A variedade de elementos utilizados na confecção também diversifica de terreiro para terreiro, podendo utilizar contas de cristal ou louça, búzios, dentes, palha da costa etc., distribuídos geralmente em fio de náilon ou aço.

A utilidade da guia é servir de atração e proteção, facilitando a sintonia, e isolamento contra vibrações negativas ou não condizentes com o trabalho espiritual. Como elemento de atração e isolamento, funcionam como um tipo de "para-raios", atraindo para si toda (ou quase toda) carga negativa ou estranha ao médium, isolando-o até certo ponto. No entanto, as guias irão permanecer "carregadas" até serem devidamente "limpas". A guia é um elemento ritualístico do médium, sendo pessoal e intransferível, devendo ser trocada e adaptada para um novo terreiro assim que este mudar de casa. Seu uso deve se restringir ao trabalho espiritual, ao ambiente sagrado (terreiro) e aos momentos de extrema necessidade do médium. Utilizar a guia em ambientes ou situações dissonantes com o trabalho espiritual, ou por mera vaidade e exibicionismo, é no mínimo um desrespeito para com a vibração que ela representa. Se for necessário, por parte do médium, o uso de uma guia no dia a dia, cabe a ele confeccionar um cordão que terá a função específica de proteção.

Quais as cores referentes a cada Orixá para a confecção das guias?

A confecção da guia é estritamente de responsabilidade da entidade em conformidade com as regras do terreiro ou do dirigente encarnado, Pai no Santo, zelador ou Babalorixá, devendo ser instrumento do médium, um escudo energético, para os diversos tipos de energia que se movimentam no terreiro nos dias de trabalho. Uma Linha ou entidade poderá estar ligada vibratoriamente a mais de um Orixá, devendo ter cores diferentes ou algum elemento especial; por isso, ressaltamos que somente a entidade e o zelador poderão informar os detalhes da confecção.

Por que não podemos deixar as pessoas tocarem em nossas guias?

A guia é um colar que foi consagrado para fins ritualísticos e seu uso em ambiente profano deverá ser restrito, apenas nos momentos de extrema urgência. Mas poderá o médium confeccionar ou utilizar um colar de pedras ou de contas do Orixá como proteção diária, sem fins ritualísticos, tendo a mesma finalidade que o amuleto. Se uma pessoa estranha tocou no colar, nada irá acontecer, mas se o "dono" do colar se incomodar, deverá colocá-lo em água corrente, mentalizando a limpeza energética, e depois disso deixá-lo ao sol por cerca de meia hora.

Quando a guia arrebenta, é um mau sinal? O que fazer?

Há dois pontos que precisamos analisar quando a guia arrebenta: um de ordem material ou energética, e o outro sendo o momento em que ocorreu o fato. Sabemos que o material usado na confecção de uma guia sofre desgaste com o tempo, principalmente a linha; mesmo sendo de náilon, ela acaba se rompendo pelo uso contínuo, ou o nó se desfaz, caso em que não há interferência energética. Como o objetivo da guia é ser um escudo de proteção ao médium, poderá arrebentar quando há um acúmulo de cargas negativas ou, quando as energias negativas estão muito fortes, acabam estourando na guia, mas não no medianeiro. Em ambos os casos, o trabalhador deverá comunicar imediatamente ao Pai no Santo ou ao pai e mãe pequena que irá analisar e tomar as devidas providências. Geralmente é solicitada uma nova guia para ser consagrada, substituindo a que arrebentou.

Posso usar as mesmas guias quando for para um novo terreiro?

A guia, após sua confecção, é imantada com energias de acordo com as necessidades de quem vai usá-la, em conformidade com a linha espiritual de atuação da entidade, devendo ser preparada conforme os usos e costumes do novo terreiro. Então... casa nova, guia nova!

O que faço com as guias do outro terreiro em que trabalhei?

A guia antiga pode ser guardada, se invocar boas recordações, ou, então, deixada em um copo com sal por um dia para ser desmagnetizada. Se for confeccionada de materiais orgânicos, como sementes, penas, conchinha ou dente, poderá ser despachada na Natureza. Se for de acrílico, depois de desmagnetizada, deve ser colocada no lixo reciclável, jamais na Natureza, pois levará cerca de 200 anos para se decompor.

Algumas pessoas incorporam várias entidades e não sabem o nome delas. O que fazer para saber?

O médium ativo nas lides de Umbanda trabalha em parceria com inúmeras entidades, sendo que muitas delas não se apresentam com o nome, mas mesmo assim é possível reconhecermos o espírito comunicante pela vibração. No plano espiritual, o nome e a história do Guia ou Protetor não são importantes, o que vale é o trabalho realizado e o médium interessado em crescer espiritualmente. Com o tempo, e havendo necessidade, a entidade irá se apresentar ao seu médium.

Quando o indivíduo parar de trabalhar mediunicamente em um terreiro de Umbanda, a sua vida vai dar para trás?

Não devemos condicionar ou ter o pensamento de que, para termos uma "boa" vida, devemos trabalhar ininterruptamente na mediunidade. A espiritualidade não deseja ter um medianeiro presente nos trabalhos por medo ou obrigação, e sim pela vontade de ajudar o próximo, tornando-se uma pessoa melhor. O médium é o canal por onde passarão os fluidos benfazejos que serão endereçados ao consulente no momento do passe e do aconselhamento. Essa energia recebida da espiritualidade percorrerá seus centros nervosos, meridianos e chacras, ficando retido um quantum desses fluidos em seu corpo, harmonizando-o e protegendo-o. Quando o indivíduo deixa de praticar o trabalho mediúnico, necessitará de extrema disciplina e vigilância nos pensamentos e sentimentos, caso contrário, ao se desarmonizar, abrirá brechas em seu campo energético, atraindo espíritos menos esclarecidos, adversários de outros tempos, desocupados do além-túmulo que irão sugar sua energia, dando início a processos de obsessão e desequilíbrios no campo da matéria, dos sentimentos e da mente.

A mediunidade de Umbanda pode levar a pessoa a ter problemas mentais?

Todo médium possui diferentes graus de desarmonias psíquico-emocionais, cuja causa reside em atitudes pretéritas que atentaram contra as leis divinas, e na encarnação presente recebe a mediunidade como ferramenta de retificação desses atos. Por estar com os canais energéticos abertos, facilitando o intercâmbio entre os dois mundos (físico e astral), o médium se sensibiliza facilmente com as energias densas de ambientes, de encarnados e de desencarnados, que o influenciam emocionalmente, levando a variações de humor. A mediunidade, quando trabalhada e educada, se torna uma ferramenta benéfica para o autoconhecimento, harmonizando os estados emocionais em desequilíbrio.

Se, após o desenvolvimento mediúnico, o indivíduo ficar estranho, como se estivesse fora de si ou em outro lugar, o que isso significa?

No desenvolvimento mediúnico, as entidades trabalham os chacras em suas rotações, velocidades e cores, harmonizando-os para que o Guia e os Protetores possam "se apossar" dos sentidos do medianeiro e fazer a caridade. Nesse momento, dar-se-á um leve afastamento dos corpos astral e mental e uma expansão maior do corpo etérico do médium para que haja a devida ligação áurica da entidade com o médium. Desdobramento é justamente esse afastamento dos corpos que ocorre no desenvolvimento mediúnico. É necessário, ao término do desenvolvimento, acoplar novamente os corpos. Geralmente, a própria entidade realiza esse processo, cortando qualquer ligação fluídica com o trabalhador. Às vezes, a entidade já não está ligada no campo do médium, mas a vibração é tão forte que o acoplamento não acontece, passando esta sensação estranha, de sentir-se fora de si. Como o encarnado tem a força animal prendendo os corpos sutis naturalmente ao corpo físico, devemos, no momento em que percebemos que não acoplamos ou estamos com sensações de desdobramento, abrir os olhos, respirar fundo várias vezes, sentir o aqui e agora e a sensação estranha, aos poucos, desaparecerá.

Pode acontecer de vários médiuns incorporarem uma mesma entidade no mesmo momento?

As entidades se apresentam através de nomes simbólicos. Por exemplo, atrás do nome Caboclo Pena Branca existem milhares de espíritos que se identificam com os procedimentos do trabalho do criador deste nome, ou seja, o primeiro Caboclo Pena Branca. Numa comparação bem simples, houve um Caboclo Pena Branca que foi a "matriz" e, depois, se engajaram na forma de trabalho outros espíritos, cujos nomes de batismo da encarnação passada foram João, Alberto, Marcos, Pedro etc. – esses são as "filiais", representando com fidelidade a ordem do trabalho do nome Caboclo Pena Branca. Por isso, poderá haver manifestações em diferentes médiuns no mesmo momento e no mesmo terreiro de Vovó Maria Conga, Caboclo Tupinambá, Ogum Sete Ondas, Caboclo Sete Flechas, entre muitas outras entidades.

O médium trabalha sempre com a mesma entidade numa noite de caridade pública?

Geralmente, começamos os trabalhos mediúnicos com o Guia ou Protetor, que seriam aquelas vibrações que identificamos plenamente e, no decorrer das tarefas, conforme as demandas dos consulentes, poderá haver mudanças perceptíveis ou não. Outras vezes, estaremos a "sós", ou seja, o Guia se afastará, diminuindo a interferência astro/mental e, assim, o medianeiro, dentro do conhecimento adquirido e sabedor da dor alheia, fará a caridade, praticando uma doação incondicional, sem ajuda de ninguém, mesmo que seja por alguns momentos. Esta é a sabedoria das entidades de Umbanda: deixar seu pupilo caminhar com as próprias pernas, para crescer espiritualmente. Acontece com muita frequência de o médium iniciar os trabalhos com "seu" caboclo e, durante a engira, este se afasta, dando oportunidade para que outras entidades possam auxiliar, obedecendo à necessidade do momento.

As entidades de Umbanda relatam algum fato sobre vidas anteriores?

A Umbanda não é balcão aonde chegam curiosos desejosos de conhecer suas personalidades anteriores. Deus colocou o Véu de Ísis, vendando e separando as vidas pretéritas da atual, para nossa proteção e crescimento espiritual. Somos espíritos endividados, o que significa que agimos anteriormente contra as leis divinas, praticando até mesmo atos muitas vezes inconcebíveis. Mas como nada é rígido, e havendo necessidade de conhecer certos fatos anteriores a esta encarnação, haverá momentos raros em que o conhecimento vem como aviso, pois poderemos estar prestes a cair novamente.

A mediunidade precisa ser desenvolvida?

A mediunidade é inerente ao ser humano, então, todos nós a temos em tipos e graus diferentes, mas isso não quer dizer que todos precisam trabalhar com a incorporação, que é o tipo de mediunidade mais frequente na Umbanda. A mediunidade não tem idade para aflorar. Os sinais mais comuns são síndromes de pânico, depressão, ansiedade, insônia, oscilação de humor, taquicardia, irritação excessiva, pensamentos autodestrutivos, medo ou terror noturno e desconfortos psíquicos, mentais, emocionais e físicos, muitas vezes sem uma conclusão no diagnóstico médico.

Mas um terreiro de Umbanda ou casa espiritualista, para estar com suas portas abertas ao público, precisa de pessoas que não possuem a mediunidade ostensiva. Estas realizarão outras tarefas que não necessitam da mediunidade, tais como receber aqueles que chegam ao terreiro, dar informações e esclarecimentos, supervisionar o entra e sai de pessoas, estar atento se acaso alguém passa mal, tarefas que se fazem necessárias para o bom andamento do trabalho caritativo.

Se, em uma consulta com uma entidade, a pessoa for orientada a desenvolver a mediunidade, o que deve fazer?

A orientação foi dada, resta agora decidir se há realmente o desejo de educar a mediunidade e seguir o caminho da caridade com as entidades. Caso a resposta seja positiva, o primeiro passo a ser dado é estudar, ler, entrar no mundo dos livros pelos mais diversos autores espíritas e umbandistas e adquirir o mínimo de conhecimento para, ao se engajar num terreiro, ter discernimento do trabalho realizado. É preciso verificar também, através da observação, se o grupo tem ética, moral e pratica os fundamentos da Umbanda. Mediunidade é coisa séria e, quando iniciamos nessa caminhada, necessitamos do amparo de dirigentes sérios e íntegros para podermos ser bons médiuns.

Que benefício ou mudança a mediunidade desenvolvida traz para a pessoa?

Quando o indivíduo percebe que tem essa capacidade, é necessário esclarecimento sobre o assunto para, com mais compreensão do que se passa consigo, buscar um local adequado, seguro e idôneo que o ajude a equilibrar este dom que aflorou, seja uma casa espírita, dando uma base sólida sobre o mundo dos espíritos, ou outro templo, onde a mediunidade poderá ser educada. A partir dos estudos, naturalmente, o médium começará a mudar hábitos como a alimentação, reavaliará seu ciclo de amizades, evitará multidões, terá vontade de ler conteúdos edificantes, dará importância àquilo que é do espírito e menor valor para o que é da matéria, conterá e eliminará alguns vícios, começará a mudar a forma de pensar e sentir.

Quando o médium/homem incorpora entidade feminina, poderá ficar afeminado?

Numa concepção mais filosófica, tudo no Universo é constituído por dois princípios, duas realidades, duas forças ou polaridades que se completam:

*masculino/yang/atividade/razão; e

*feminino/yin/passividade/emoção.

Antes de o médium encarnar, é formada a sua banda com Guias, Protetores, Falangeiros e Linhas que irão se apresentar no momento consciencial ideal do medianeiro e das entidades, respeitando e executando o planejamento proposto na erraticidade. O espírito, seja ele encarnado ou desencarnado, possui em si os dois princípios, masculino e feminino, sendo que uma dessas polaridades é mais atuante dentro de um aprendizado reencarnatório ou do momento. Quando o médium/homem possui um Guia espiritual feminino ou, pela mecânica de incorporação, se apresenta uma entidade feminina, por exemplo, uma cabocla das águas ou bombogira, para os trabalhos caritativos, o médium será envolto com energias femininas, equilibrando a polaridade yin que está em segundo plano. O mesclar de energias se dá no momento da incorporação, alterando o giro dos chacras, em que ambos, encarnado e entidade, se beneficiarão dessa união energética. Não há necessidade de uma entidade espiritual incorporada alterar a sexualidade de seu "cavalo", fazendo-o se portar com trejeitos e atitudes femininas ou masculinas, muitas vezes de forma exagerada, mostrando total falta de decoro ou moral. Esses descomedimentos que muitas vezes acontecem em alguns terreiros são, com certeza, da cabeça do médium que estará exteriorizando seus desejos ocultos de se travestir e usa, inconscientemente, a oportunidade da incorporação com a entidade feminina ou masculina, se portando inadequadamente e, além disso, responsabilizando a entidade por atos leviaanos. Poderá acontecer de o médium ter como Guia uma preta velha e, não querendo aceitar uma entidade feminina como mentora, o Guia, assim, plasmará um corpo de ilusão masculino para realizar a tarefa junto ao medianeiro.

Qual a razão em trabalhar descalço?

Estar descalço nos momentos das engiras representa humildade, respeito e simplicidade ao local sagrado e à nossa ancestralidade. Os médiuns são como "para-raios" das energias que são movimentadas no decorrer dos trabalhos, sendo necessário que as energias densas sejam dissipadas no solo, no contato direto dos pés com o chão. Por isso, estar descalço, isto é, sem nenhum isolante (calçado com sola de borracha), garante a segurança energética do médium, para que não fiquem retidas, em seu corpo, energias negativas. Em certas regiões do país, onde as temperaturas no inverno são muito baixas, aconselhamos o uso de meias de algodão ou, então, uma alpargata ou sapatilha com sola de corda.

Podemos relacionar o mediunismo de Umbanda com "baixo mediunismo"?

A mediunidade é um caminho aberto facilitando a comunicação entre dois mundos: o visível/físico e o oculto/espiritual. Sendo inerente ao ser humano, podemos afirmar que existem médiuns católicos, evangélicos, espíritas, umbandistas, cada um utilizando seu "talento" dentro das necessidades de sua religião. Por exemplo, um padre ou pastor não irá incorporar ao realizar a missa ou culto, mas poderá se utilizar da mediunidade intuitiva em seus sermões.

Sendo a mediunidade um canal de comunicação entre os planos existenciais, sua ação se torna muito ampla. Não devemos e não podemos encerrá-la como propriedade de uma só religião, classificando-a de "baixa", "fraca" ou "pequena" para as outras, mas sim entender que há diferentes mediunismos para diversos campos de ação, independente de qual seja essa atuação. Muitos médiuns de Umbanda começam seus estudos nas casas espíritas, pois ambas as religiões trabalham, acreditam e pregam temas em comum, como: reencarnação, lei de causa e efeito e carma, vida após a morte, e as entidades de Umbanda acabam se apresentando pela primeira vez ao seu médium nesses templos, convocando-o a procurar um terreiro e, assim, a se utilizar dos elementos e rituais próprios da Umbanda, dentro do campo de ação determinado por essa religião. Chamar a Umbanda de "baixo mediunismo" é julgar sem conhecer, é ser preconceituoso, pois toda religião tem um propósito de existir, atuando em níveis vibratórios e campos de ação específicos, e não devemos dignificar nem desvalorizar o trabalho realizado dentro do mediunismo em uma religião comparando-o com o de outras religiões.

Médium umbandista tem alguma diferença de médium kardecista/espírita?

Allan Kardec disponibilizou para os habitantes dos países do Ocidente conhecimentos que, até então, eram de exclusividade dos povos orientais. Através de pesquisas, reuniu e analisou uma coletânea de respostas fornecidas pelos espíritos e esclareceu e fez renascer temas que foram repassados por Jesus há mais de dois mil anos, tais como: reencarnação, vida eterna, pluralidade dos mundos e lei do Carma (vida em ação) ou lei de causa e efeito.

O surgimento da Umbanda, não por acaso, foi dentro de uma casa espírita, no ano de 1908, tendo como base os mesmos ensinamentos que Kardec propagou. A Umbanda, então, reacende e firma conceitos que eram de exclusividade de uma minoria da população brasileira, aquela que possuía acesso à alfabetização e, consequentemente, aos estudos de física, ciências, línguas etc., passando a divulgá-los para o povo pobre e analfabeto através da figura simplória, humilde, alegre, mas de muita sabedoria, das entidades que se apresentavam sob a forma de pretos velhos, caboclos e crianças.

Uma das diferenças do médium umbandista para o espírita é que o primeiro traz um grande acréscimo energético em seus chacras para poder suportar as batalhas e demandas contra o mal, por isso a mediunidade na Umbanda é diferente da mediunidade no Espiritismo. No kardecismo, a forma mediúnica predominante é a intuitiva (irradiação intuitiva) e não há incorporações nem quebra de feitiçarias; na Umbanda, a forma mediúnica predominante é a incorporação consciente. Uma não é melhor nem pior que a outra, sendo apenas campos de ações diferentes, onde cada uma atua com perfeição.

Como o médium umbandista precisa lidar com toda sorte de tropeços, ciladas, mistificações, magias e demandas provindas do Astral inferior, seu perispírito está preparado para suportar esses entrechoques, para conter a fúria das entidades maléficas.

Com esses subsídios a mais, o médium umbandista pode até trabalhar em correntes kardecistas, apesar de não estar cumprindo sua missão predeterminada, mas o médium espírita não deve trabalhar no movimento umbandista, pois em sua missão atual não precisará se confrontar com o submundo astral, nem foi preparado para isso, o que pode levá-lo a um enorme desgaste energético, abrindo brechas para as mais variadas doenças.

Eis a sabedoria do dito do preto velho: "quem não pode com mandinga, não carrega patuá", ou seja, cada um na sua, fazendo com maestria aquilo que mais sabe.

O mediunismo na Umbanda é para gente ignorante?

A mediunidade é um fenômeno intrínseco ao ser humano, portanto, o mediunismo está presente não somente na Umbanda, mas nas mais diversas religiões do nosso orbe, sem distinção de raça. Por ser o elo entre os mundos existenciais, devemos criar o hábito do estudo constante, assim teremos uma base sólida para não cairmos nas ciladas dos aproveitadores encarnados e desencarnados (espíritos gozadores e espertalhões). Estudar é pesquisar, procurar respostas para as dúvidas, passar pelo crivo da razão e analisar se existe coerência nas respostas recebidas. Sabemos que o mediunismo está para todos nós, ignorantes do Evangelho de Jesus, e será com a mediunidade que aprenderemos a amar o próximo, a perdoar e a cultivar a paz.

Por que os médiuns na Umbanda ficam girando, rodopiando, gritando, dizendo palavras de baixo calão?

Nas comunidades indígenas de outrora, a comunicação se dava através dos assobios e gritos que lembravam os sons da natureza. Assim, o inimigo ou o animal que estava prestes a ser caçado não percebia a aproximação dos índios. Esse tipo de comunicação se adaptou aos trabalhos na Umbanda, em que alguns caboclos se utilizam do brado anunciando à "banda" a sua chegada ao terreiro.

Assim, as engiras de caboclos, sejam de Oxossi, Ogum ou Xangô, são de muito movimento e até mesmo barulhentas, despertando curiosidade e medo naqueles que vêm pela primeira vez no terreiro. Os assobios, assim como os brados e gritos, são como ordens de trabalho, em que cada entidade emite um som de acordo com a necessidade e em conformidade com a demanda: embates, descargas energéticas (miasmas, larvas astrais), energização etc. Os sons naturais são, em sua maior parte, combinações de sinais que, em forma de ondas, ajustam a vibração dos chacras, de acordo com a rotação e frequência do corpo astral do médium, facilitando, assim, a incorporação. O giro acontece também para ajustar a vibração do médium ao caboclo, além de ser uma forma de movimentar as energias densas que estão fixas no recinto sagrado. Tal como o vento, as Caboclas de Iansã induzem um movimento rotatório, seja com o corpo todo ou apenas com os braços do médium, retirando e levando para ser desintegrada toda energia imprópria situada no abassá.

Quando o terreiro sai do seu propósito de ajuda ao próximo, com pagamento monetário ou outra forma de remuneração pelos serviços prestados, ele literalmente cai e é invadido e dirigido pelo submundo astral que se passa pelas verdadeiras entidades de Umbanda. São essas entidades de baixa estirpe que usam constantemente o palavreado de baixo calão e chulo distante da verdadeira Umbanda.

Por que a Umbanda é a Luz Divina?

Todo terreiro de Umbanda, seja uma choupana, um barraco de fundo de quintal ou um espaço confortável onde pessoas de diversas classes sociais, histórias e raças se reúnem com o propósito de fazer a caridade, estará refletindo a Luz Divina dos Orixás e do amor do nosso amado Mestre Nazareno. Jesus e seus prepostos estarão atuando junto aos seus médiuns esclarecendo, curando ou amenizando as dores alheias. É a luz que vem de Aruanda para tudo iluminar, mostrando a todos que a Umbanda é paz e amor!

Por que não podemos ter relações sexuais na noite anterior aos trabalhos espirituais?

O sexo é uma dádiva divina que possibilita ao Homem ser cocriador, perpetuar sua espécie e, assim, fornecer meios para que outros espíritos possam reencarnar.

O resguardo nas relações sexuais antes dos trabalhos mediúnicos é solicitado pelos dirigentes por acontecer uma alteração original da vibração do medianeiro, dificultando a aproximação da entidade e a união de vibrações para os trabalhos caritativos. Isso acontece mesmo sendo uma união sexual amorosa, com respeito e fidelidade de ambas as partes.

Quando a relação não tem o amor como base, isto é, uma relação promíscua e oportunista, o médium atrairá para o seu campo energético energias deletérias, espíritos sensuais e desregrados, alterando a sintonia do medianeiro. Muitas entidades, como a bombogira, exus e pretos velhos, se ligam no chacra básico no momento da incorporação, e essas energias deletérias originadas da relação sexual promíscua ou formas-pensamentos aderidas ao perispírito interferirão na sintonia médium-entidade, desestabilizando o aparelho.

EXU
E BOMBOGIRA

Quem é exu?
É o mensageiro dos Orixás, aquele que tem o comprometimento de fazer a ligação ou a comunicação entre os mundos Àiyé e Orun – plano físico e espiritual. É ele que permite a construção ou a destruição, sempre com o intuito de harmonizar o ser perante a Lei Maior. É o Senhor das passagens, dos planos, das encruzilhadas (no sentido de opção ou escolha, bem como de vibração) e dos cemitérios. Também conhecido como Senhor dos caminhos, rotas e seus cruzamentos; das porteiras, portas de entradas e saídas de residências, comércios, templos e situações. São curadores, guardiões, protetores, tropa de choque no plano astral, conhecem os meandros da vida na matéria que repercute no plano Astral inferior, com suas armadilhas, artimanhas e seus engodos, próprios dos egos que vivem longe do Evangelho de Jesus. Exu não se corrompe, não aceita agrados de espécie alguma para facilitar a vida de quem quer que seja. Por conhecer e já ter vivenciado a queda espiritual, com suas dores e sofrimentos, sabe o quanto é dura a lei de retorno das ações. Ele é a força que atua sobre o desequilíbrio das pessoas,

através de movimentos que só podemos classificar numa visão estreita, como bem ou mal, mas seu objetivo sempre é de levar o espírito ao equilíbrio; portanto, exu é o fiscalizador do comportamento humano. Ele é aquele que faz o erro virar acerto e o acerto virar erro. Exu escreve reto em linhas tortas, escreve torto em linhas retas. Toda ação ou movimento de Exu está licenciado pela lei de Xangô e sob a determinação de Ogum; logo, ele é a mão da lei de ação e reação, trazendo o equilíbrio seja em que plano for (físico ou espiritual), em todos os seres (encarnados e desencarnados).

Onde atuam os exus?

A atuação dos exus é ampla, sendo seu objetivo principal proporcionar o equilíbrio nos seres encarnados e desencarnados perante as leis universais. Os exus trabalham naquilo que é negativo no caráter do ser; sendo assim, se utilizando de situações da vida, promovem um movimento nas atitudes negativas, nos vícios mentais, emocionais e físicos com o intuito de trazer à superfície para que seja percebido em nível de consciência. A partir dessa consciência do lado sombra, o ser poderá optar por trabalhar, transformando-se espiritualmente em um ser melhor, mais digno e bondoso, ou continuar a cultivar os maus princípios e, como consequência, colher aquilo que plantou em um futuro próximo, através da dor.

Exu é o diabo?

Infelizmente, a falta de conhecimento, estudo e entendimento sobre a atuação de Exu leva muitas pessoas, da religião e de fora dela, a uma interpretação errônea sobre seu verdadeiro trabalho e como ele se apresenta. Essa concepção injusta de Exu não foi apenas fruto de um sincretismo com os santos cultuados pela Igreja Católica Apostólica Romana, na época da escravatura em terras brasileiras, onde os negros escravos disfarçavam o culto aos Orixás pela veneração aos santos do sinhozinho branco.

Podemos dizer que o início da deturpação deu-se com os escritos de viajantes, missionários, curiosos e observadores que estiveram em território Fon ou Yorubá (África), entre os séculos XVII e XIX. Todos eles de cultura cristã, quando não cristãos de profissão, descreveram Exu sempre ressaltando aqueles aspectos que o mostravam, aos olhos ocidentais, como entidade destacadamente sexualizada e demoníaca. Podemos citar, por exemplo, as descrições e conclusões do pastor Thomas Bowen (1857), do abade Pierre Bouche (1885) e de R. P. Baudin, padre católico da Sociedade das Missões Africanas de Lyon e missionário na Costa dos Escravos.

O sincretismo apenas reforçou a má compreensão relatada pelos observadores, colocando os Orixás no mesmo patamar que os santos, simbolizando o Bem, faltando a representação do diabo, indicando o Mal, que ficou por conta de Exu.

Assim, quando o sinhozinho ou o clérigo local se depararam com a imagem do Orixá Exu – O Mensageiro – ligado ao elemento fogo, cuja imagem está com seu falo (pênis) ereto, simbolizando a energia, a fecundidade, o nascer de novo, a continuidade, foi fácil transformá-lo em diabo, acrescentando, apenas, a capa vermelha, os chifres, as labaredas infernais com libertinagem sexual, o rabo, o pé de bode, o tridente e outros adereços dos demônios antigos e medievais. Atualmente, com a liberdade de culto prevista na Constituição brasileira e com o amadurecimento dos adeptos e seguidores umbandistas, essa ligação sincrética Exu/diabo não tem mais serventia e fundamento. Percebe-se que essa interpretação é alimentada apenas por ignorantes e ingênuos que a tudo acreditam sem estudar e pesquisar.

Bombogira é prostituta?

Todas as entidades engajadas nas lides de Umbanda, principalmente Exu e bombogira, não estão à mercê das atitudes dos médiuns que, longe dos estudos e esclarecimento, aproveitam o intercâmbio mediúnico com esses espíritos para expor seus desequilíbrios e desejos torpes.

Bombogira está a serviço do bem, dentro da ética e da moral, atuando na medida certa; em outras palavras, cumpre o que o machado de Xangô determina. Quaisquer deslizes em atitudes e trejeitos sexuais exagerados, bebendo ou fumando, são desequilíbrios do próprio médium, expressando no terreiro suas emoções ocultas no dia a dia. Sem a disciplina e longe da mudança de atitudes, cuja prioridade deverá ser a ética e os bons costumes, o medianeiro sintonizará com espírito embusteiro que se passará pelas verdadeiras entidades umbandistas. Então vemos, nos falsos terreiros que se denominam "de Umbanda", espíritos zombeteiros e quiumbas que se apoderam do aparelho mediúnico por afinidade, fazendo-se passar por Exu e bombogira, o que nada mais é que puro engambelo.

O que é quiumba?

Quiumba é o nome dado aos espíritos desencarnados que vibram no egoísmo e, apesar de não terem um corpo de carne, gostam dos prazeres das ilusões terrenas. Para poderem estar ligados a essas sensações fugazes, eles fazem qualquer trabalho, desrespeitando quem estiver no seu caminho, em troca de elementos ou energias que proporcionarão esses prazeres. São espíritos embusteiros e enganadores que se passam por Guias e Protetores do médium. Essa sintonia acontece em consequência de uma vida desregrada do medianeiro que, naturalmente, criará dificuldade vibratória para a atuação da verdadeira entidade. Não havendo sintonia, seus Guias se afastarão, facilitando o envolvimento de um espírito vulgar. O alvo desses espíritos são os médiuns que se fixam em terreiros que se denominam de Umbanda, mas cobram pelos trabalhos mediúnicos – passes e orientações – ou solicitam oferendas envolvendo sangue, como forma de pagamento de um pedido que muitas vezes o indivíduo não tem merecimento para receber, de acordo com as Leis Divinas. Os rituais dessas casas passam da meia-noite, sem disciplina e ordem, atraindo, dessa forma, quiumbas que se aproveitarão da brecha vibratória criada pela egrégora insalubre do terreiro em questão.

O que é encruzilhada?

O simbolismo da encruzilhada ou cruz está presente não só na Umbanda, mas em muitas outras religiões, portanto, é universal. A encruzilhada é um encontro de caminhos que se cruzam, dando ao indivíduo o poder de escolha. Sua decisão abrirá um leque de oportunidades e situações que contribuirão para a construção de seu destino. A encruzilhada está presente em nossa vida, pois precisamos, a todo momento, optar pelo que fazer e como fazer, e as decisões promoverão mudança de rumo, consequentemente, a outro estágio espiritual, a outra situação ou plano existencial, o que irá afetar ou não a nossa vida e a de outras pessoas de uma forma benéfica ou negativa.

É comum relacionarem as encruzilhadas existenciais com os entrecruzamentos das avenidas e ruas da cidade, arriando trabalhos de cunho magístico para solucionar problemas que envolvem amor, dinheiro, imóveis, negócios ou a tão popular "abertura de caminhos". Esses trabalhos são constituídos de elementos densos, como o sangue e o sacrifício de animais, cuja contraparte etérica desprende fluidos ectoplasmáticos, substância esta muito requisitada e disputada entre os quiumbas e outros habitantes do Astral inferior, a fim de poderem plasmar suas cidadelas. Outros tipos de oferendas que se destinam aos Orixás, como forma de agradecimento por alguma bênção recebida, são entregues inadequadamente nessas encruzilhadas urbanas. Essas oferendas contêm elementos da Natureza, como frutas frescas, flores, mel e bebidas destiladas, e por falta de conhecimento e estudo são arriadas em locais profanos, sendo recebidas por desencarnados em desequilíbrio no lugar dos falangeiros dos Orixás.

As falanges benfeitoras da Umbanda precisam da substância chamada ectoplasma? Como conseguem?

Na Umbanda, o ectoplasma é utilizado para formar campos de força, promover a cura nos seres, realizar o socorro de desencarnados presos nos planos mais densos, plasmar alimentos, roupas e outras necessidades para os espíritos em sofrimento, entre outras ações. Por não terem capacidade de produzir essa substância, pois somente encarnados possuem essa faculdade, os falangeiros recolhem ectoplasma dos médiuns, nos dias de engira, e do axé das oferendas de frutas, flores, mel e outros elementos que são dispostas no congá e nos assentamentos dos Orixás.

Qual a diferença entre oferendas e despachos?

Faz parte da tradição religiosa da humanidade agradar aos deuses e divindades; para isso, era oferecido aquilo de melhor que o indivíduo ou a comunidade possuía, ou seja, os melhores grãos colhidos no ano, o animal mais bonito e saudável, frutas tenras e de bela qualidade. Muitas vezes, a família, grupo ou clã se sacrificava, passando por dificuldades de alimentos, mas não deixava de ofertar às suas divindades. Assim, as religiões, cultos ou seitas, ao longo da história da humanidade, veneravam seus deuses presenteando-os com bens materiais, tanto como forma de agradecimento ou como solicitação de proteção e bênção para o futuro.

As oferendas na Umbanda são constituídas de materiais que compõem a natureza, ou seja, energias primárias dos quatro elementos – terra, água, ar e fogo. O objetivo da oferenda é a reposição de axé ou restituição energética que porventura estejam faltando no médium em conformidade com o Orixá, propiciando equilíbrio ao aparelho mediúnico, e ao mesmo tempo manter respeitosamente a harmonia da natureza doadora, sem agredi-la. Para que isso ocorra, são ofertadas frutas, flores, velas e sementes, em um processo de intercâmbio magístico com os elementais, através do poder mental de invocação do médium. Pela invocação, o médium formará uma egrégora coletiva com a assistência amorosa dos bons espíritos, caboclos e pretos velhos.

O despacho é o ato de despachar. Os elementos que compõem o despacho atraem para si, absorvendo energias negativas de alguém ou de um local sagrado, através dos elementos orgânicos, para que possam ser transmutadas.

O que é tronqueira e onde fica?
Tronqueira é o ponto de força dos exus e das bombogiras. Esse ponto de força é firmado e assentado por elementos fixos, como a quartinha com água, o tridente (instrumento de exu), a vela, o marafo, a sineta, os punhais, as pedras, cuja contraparte etérica/astral firmará proteção ao terreiro, anulando e descarregando forças, energias ou vibrações negativas. Também são colocados os padês, que são reforços energéticos na forma de oferendas que variam conforme a necessidade da demanda e dos embates que ocorrerão no dia. Destacamos que exu não come comida, nem necessita de sangue para as demandas. Os elementos e o padê dispostos na tronqueira estão ali para viabilizar o trabalho dessas entidades no Astral inferior. Esse assentamento fica na frente do terreiro, justamente onde há grande movimentação de encarnados e desencarnados.

O que é padê?
O padê é a oferenda para o exu. Consiste basicamente em farofa crua, azeite de dendê e pimenta colocados na tronqueira, que é o ponto de força dessas entidades. Não se utiliza carne nas oferendas e estas também não são despachadas nas esquinas; esse tipo de procedimento não pertence à Umbanda.

Por que os exus bebem e pedem tanta coisa para os trabalhos que fazem?
Os exus se utilizam da contraparte etérica/astral do marafo (aguardente, cachaça) que está à sua disposição num coité (cuia) nos pontos de força no terreiro. Exu não bebe e não induz seu médium a ingerir bebida alcoólica nos trabalhos caritativos. Seu pedido aos encarnados é apenas um: deixarmos de agir como uma criança mimada, querendo que todos os nossos desejos sejam realizados, e passarmos a promover a mudança interior. Os pedidos de beber, cobrar ou exigir demasiados elementos nos trabalhos não são de autoria dessas entidades, e sim de espíritos que ainda estão presos aos fluidos da matéria e se passam por trabalhadores espirituais da Umbanda – os quiumbas.

O que são "eguns"?
Egum é a alma do morto, é um desencarnado que poderá ter compreensão ou não de seu novo estado. Os caboclos e os pretos velhos são eguns, já viveram num corpo de carne e receberam o aval da Umbanda para, com humildade e sabedoria, ajudar aqueles que solicitam auxílio nos inúmeros terreiros. Outros eguns, recém-desencarnados, ficam perambulando, perdidos com suas dores, junto aos

encarnados, atrapalhando suas vidas, sem reconhecer sua atual condição. Podemos classificar esses eguns como sofredores que serão, em algum momento, orientados e socorridos nos templos espíritas/umbandistas.

O que é egungum?

Egungum é o culto às pessoas já falecidas que tiveram, em vida, participação no culto aos Orixás. Uma homenagem aos seus ancestrais, aos parentes mortos, fortalecendo os laços de parentesco que unem as gerações presente e passada. A família de um egungum – ancestral ilustre – sabe que esse desencarnado foi o princípio da existência do grupo familiar.

A Umbanda não possui um culto específico aos ancestrais como o Candomblé e outras religiões.

Qual o significado de "Povo da Rua"?

Povo da rua é outra designação para os exus e bombogiras. Essas entidades são mal compreendidas e mistificadas por espíritos sem esclarecimento das leis divinas.

Por que os exus e as bombogiras dão gargalhadas e riem dos consulentes?

A gargalhada de exu é mais que um mantra, é uma ferramenta de trabalho. Através do som da gargalhada, eles entram nos campos energéticos, desfazendo as energias densas, recolhendo entidades que vibram na maldade, retirando aparelhos parasitas, enfim, abrindo o caminho para que outras entidades, como os pretos velhos e os caboclos, possam dar continuidade ao trabalho espiritual.

A gargalhada também tem a função de liberar qualquer resquício de energia negativa que possa ficar impregnado no medianeiro ou no local de trabalho, fazendo, assim, a assepsia. Longe de ser um escárnio para com o consulente, a gargalhada é uma forma de vibrar na alegria, mesmo tendo que lidar constantemente com situações difíceis, tristes e inimagináveis para nós, situações essas criadas e estimuladas pelos seres humanos que vivem longe do Evangelho.

O que significa a palavra "Tatá"?
Tatá significa chefe supremo, responsável por uma falange.

O que é cambono? Qual a sua função?
Cambono ou cambone é o médium de sustentação e de auxílio aos médiuns e entidades. Poderá ter mediunidade ostensiva, mas não trabalha incorporado nas engiras. Necessita ser uma pessoa proativa, mas calma em suas ações, que tenha decisões acertadas, sem infringir o regimento ou regras estabelecidas, e com livre acesso no terreiro. Sua função é ordenar, estar atento, fiscalizar e auxiliar nos trabalhos de atendimento ao público, além de ser a ligação do que ocorre, transmitindo ao Chefe do terreiro. Algumas de suas funções:

*Ordenar para que a movimentação dos consulentes se faça de maneira disciplinada, encaminhando-os ao médium incorporado.

*Organizar todo o material que poderá necessitar, caso haja solicitação por parte das entidades, como: charutos, velas, bancos para os pretos velhos, ervas, papel e caneta para anotações, e dispor os médiuns no abassá para a realização da engira, conforme a ordem do dia.

*Fiscalizar: estar sempre em observação se o consulente passar mal ou incorporar no momento de seu atendimento. Neste último caso, é necessário que auxiliares do cambono limitem a manifestação apresentada pelo consulente para que não venha a cair ou se machucar batendo em outras pessoas ou objetos.

*Estar sempre atento para qualquer urgência e ser rápido na ação; por isso, deve evitar conversas, seja com consulente ou médium. Se necessário, a conversa deverá ser sucinta, sem muitas delongas.

*Auxiliar, se necessário, nas mensagens das entidades, anotando e orientando nas dúvidas do consulente referentes a banhos e tratamentos em geral.

*Por fim, encaminhar as entidades para o encerramento dos trabalhos.

As funções do cambono variam de terreiro para terreiro, chegando a ser o "braço direito" de alguns dirigentes.

O que significa a palavra Odara?

A palavra Odara, de origem Yorubá, significa tudo que é bom, belo e positivo. Entretanto, quando a citamos acompanhando o nome de Exu, passa a significar Senhor da Misericórdia e da felicidade. Esse aspecto de Exu Odara é de mensageiro, levando os pedidos dos filhos que vivem na Terra e nos planos existenciais aonde a luz do sol não chega aos espíritos que vivem nos planos celestiais. Essa qualidade de Exu trabalha em conjunto com Orixá Oxalá, tendo plena liberdade de ir e vir, nos diversos planos de consciência.

PALAVRAS FINAIS

O objetivo principal deste livro é esclarecer dúvidas do mundo da Umbanda. Estas dúvidas partiram de médiuns iniciantes, medianeiros que já experienciaram outras religiões de cunho mediúnico, mas com características diversas, de pessoas que procuravam um terreiro de Umbanda sem conseguir identificá-lo de fato e daquelas que tinham sede de esclarecimentos sobre esta religião afro-brasileira, tão procurada por aqueles que necessitam apoio e acolhimento para suas mazelas físicas ou espirituais e que tão poucos estão empenhados em esclarecer de uma forma simples e direta, para que os princípios básicos da mesma sejam compreendidos por todos.

Seguimos as diretrizes do Caboclo das Sete Encruzilhadas, ou seja, caridade e evangelização em parceria com as entidades de Umbanda. Estamos em contínuo aprendizado, e o conhecimento adquirido dividimos com os leitores. Lembramos, porém, que somos buscadores e eternos aprendizes de Umbanda e a verdade está dentro de cada um, de acordo com o seu momento existencial e sua capacidade de compreensão e aceitação das Leis Maiores que regem a todos nós.

Por todos estes aspectos entregamos a você, leitor, esta singela obra. Queremos instigá-lo a procurar suas respostas, a indagar e a questionar. É imprescindível o estudo, pois somente o conhecimento tem o poder de cerrar as portas da ignorância e da possível manipulação por intermédio daqueles que não tendo interesse em ensinar e esclarecer mantêm pessoas e grupos cativos de suas vaidades e egos poderosos.

REFERÊNCIAS BIBLIOGRÁFICAS

Peixoto, Norberto. *Iniciando na Umbanda – A psicologia dos Orixás e dos Cristais.* Porto Alegre: Polobooks, 2015.
Peixoto, Norberto. *Encantos de Umbanda – Os fundamentos básicos do esoterismo umbandista.* Porto Alegre: BesouroBox, 2016.
Cartilha do Médium Umbandista - Um roteiro comportamental. Orientado por Caboclo Pery. Porto Alegre: PoloBooks, 2015.
A Umbanda é de Todos - Manual do chefe de terreiro. Porto Alegre: Grupo de Umbanda Triângulo da Fraternidade, 2015.
Trindade, Diamantino F. *Umbanda, um Ensaio de Ecletismo.* São Paulo: Editora Ícone, 1994.
Prandi, Reginaldo. *Exu, de mensageiro a diabo. Sincretismo católico e demonização do orixá Exu.* São Paulo: Revista USP, 2001.

Leia também

136 págs. | 14x21cm | 978-85-5527-061-1

Este livro é um grito de alerta a todos que queiram se integrar na religião, traz à luz fatos e situações que ocorrem nos terreiros por este Brasil afora, cujos representantes desonram e mancham a bandeira da Umbanda. Em cada capítulo, o leitor encontrará uma história real de percalços na forma de contos. Os nomes são fictícios, mas o abuso religioso e as dificuldades experimentadas pelos médiuns na busca de um terreiro para trabalhar, esbarrando em dirigentes que não exercitam os bons costumes, não são fantasia e acontecem com mais frequência do que imaginamos. Numa segunda parte de cada trama, compartilharemos nossa visão dos fatos, na forma de perguntas e respostas. Seguimos a vertente do Caboclo das Sete Encruzilhadas e por hipótese nenhuma queremos passar por donas da verdade, mas sim repassar o conhecimento adquirido em estudos, leituras e vivências de terreiro, com o pé no chão que completa uma década. Nosso intuito neste segundo livro é clarear as mentes e adverti-las quanto à esperteza de muitos sacerdotes que se dizem umbandistas, mas que na verdade são aéticos, e induzir o leitor a confrontar, indagar e não aceitar situações que ponham em risco sua pessoa e seu caráter, ajudando-o a percorrer caminhos mais saudáveis e harmônicos.

LEGIÃO
PUBLICAÇÕES

Compre pelo site: www.legiaopublicacoes.com.br